Märchen und andere Geschichten in Stundenbildern

1. und 2. Klasse

Herausgegeben von Oswald Watzke

Erarbeitet von Peter Högler, Petra Högler, Günter Krönert, Harald Watzke, Oswald Watzke, Maria Werner

Zeichnungen: Hannelore Kirchner

Unterrichtsvorschläge mit illustrierten Text- und Arbeitsblättern als Kopiervorlagen

Auer Verlag GmbH

Gedruckt auf umweltbewusst gefertigtem, chlorfrei gebleichtem
und alterungsbeständigem Papier.

1. Auflage. 2005
© by Auer Verlag GmbH, Donauwörth
Alle Rechte vorbehalten
Das Werk und seine Teile sind urheberrechtlich geschützt. Jede Nutzung in anderen als den gesetzlich zugelassenen
Fällen bedarf der vorherigen schriftlichen Einwilligung des Verlages. Hinweis zu § 52 a UrhG: Weder das Werk noch
seine Teile dürfen ohne eine solche Einwilligung eingescannt und in ein Netzwerk eingestellt werden. Dies gilt auch
für Intranets von Schulen und sonstigen Bildungseinrichtungen.
Gesamtherstellung: Ludwig Auer GmbH, Donauwörth
ISBN 3-403-04279-0

Inhaltsverzeichnis

Vorwort (Oswald Watzke) 4

Unterrichtsvorschläge mit illustrierten Text- und Arbeitsblättern als Kopiervorlagen 5

Märchen 5

Brüder Grimm: Die Bremer Stadtmusikanten (Oswald Watzke) 5
Russisches Volksmärchen: Das Rübenziehen (Maria Werner) 9
Brüder Grimm: Der süße Brei (Peter Högler/Petra Högler) 13
Volksgut: Das Mädchen und die Schlange (Günter Krönert) 18
August Heinrich Hoffmann von Fallersleben: Vom Schlaraffenland (Oswald Watzke) 22
Brüder Grimm: Die Sterntaler (mit einem Märchen-Quiz) (Harald Watzke) 26

Legenden 34

Volksgut: Der heilige Martin (mit einem Legenden-Lied) (Maria Werner) 34
Volksgut: Bischof Nikolaus (mit einem Volkslied) (Günter Krönert) 39
Volksgut: Die heilige Elisabeth (mit einem Legenden-Lied) (Günter Krönert) 44
Volksgut: Das Muttergottesgläschen (Peter Högler/Petra Högler) 48
Max Bolliger: Der heilige Franziskus predigte den Vögeln (Oswald Watzke) 53
Volksgut: Wie die Heckenrose entstanden ist (mit einem Legenden-Quiz) (Harald Watzke) ... 58

Fabeln 65

Brüder Grimm: Der Hase und der Igel (Oswald Watzke) 65
Volksgut: Die Elster und der Rabe (mit einer Comic-Fabel) (Günter Krönert) 71
Äsop: Der Löwe und der Fuchs (Günter Krönert) 76
Jean de La Fontaine: Der Esel und der Hund (mit einer Gegen-Fabel) (Günter Krönert/Harald Watzke) 80

Geschichten 86

Irmgard von Faber du Faur: Bitte! (Günter Krönert) 86
Irina Korschunow: Maria ist allein (Maria Werner) 90
Paul Zaunert: Die fünf Handwerksburschen auf Reisen (Günter Krönert) 95
Astrid Lindgren: April, April! (Peter Högler/Petra Högler) 99
Horst Bartnitzky: Kemal ist unser Freund (mit einem Gedicht) (Maria Werner) 104
Marita Lindquist: Ein schöner Tag (mit einer Bildergeschichte) (Petra Högler) 111

Zusatzmaterial: Illustrierte Text- und Arbeitsblätter als Kopiervorlagen 117

Vorbemerkungen (Oswald Watzke/Harald Watzke) 117

Dolores Travaglini: Seitdem gibt es Schmetterlinge 119
Ludwig Reinhard: Die Johannisbeere 121
Mirko Hanák/Alfred Könner: Der Hahn und der Goldfasan 123
Heinrich Seidel: Das Huhn und der Karpfen 126
Rudolf Hagelstange: Die Katze und die Mäuse (mit einem Fabel-Quiz) 128
Otto Scholz: Ferien (mit einem Comic) 133
Sing- und Tanzspiele: „Die Bremer Stadtmusikanten", „Vom Schlaraffenland",
„Menschenbrückenlied", „Ich bin so gern bei dir" 136

Kurzbiografien der Erzählerinnen und Erzähler 140

Quellenverzeichnis 142

Vorwort

Märchenbücher erfreuen sich bei Kindern noch immer großer Beliebtheit trotz der Medien Fernsehen, Video, Kassette und Schallplatte, die weitgehend die Kinderzimmer erobert haben.

Im schulischen Bereich sollte deshalb die Lesefreude geweckt und gefördert werden.

Dies sollte nicht nur durch Reden über, erst recht nicht durch das Zerreden von Texten geschehen, sondern durch Erzählen, Zuhören, Lesen, Vorlesen, Rollenlesen und das Lesespiel. Das kindliche Interesse an Märchen und Geschichten kann geweckt werden durch einen kreativen, handlungsorientierten und fächerübergreifenden Umgang mit Texten, wobei die Kinder auch individuell im Sinne der Freiarbeit aus einem Angebot auswählen dürfen, um ihre eigenen schöpferischen Kräfte, Neigungen und Interessen einsetzen zu können.

Literaturdidaktisch ist es von großer Bedeutung, dass die Kinder lernen, auf vielfältige Weise lesend, erzählend, hörend, besprechend, szenisch darstellend, musisch gestaltend und (selbst) schreibend mit Texten aller Art umzugehen. Tonband, Videoband, auch Arbeitsblätter, Schuldruckerei, Leseecke, Bild (Zeichnung), Inszenierung, Musik, Tanz können dabei für eine aktiv-kreative Auseinandersetzung mit und Verarbeitung von Texten, die von erziehlich bedeutsamen Erlebnissen, Interessen und Lebensaufgaben der Kinder handeln, eine wichtige Rolle spielen.

Die vorliegende Unterrichtshilfe will dazu einen Beitrag leisten.

Die 22 Stundenbilder und zehn illustrierten Textblätter als Zusatz sind in die Textgruppen Märchen, Legenden, Fabeln und Geschichten gegliedert. Hier sollen jedoch keine gattungsspezifischen Merkmale und Unterschiede nach Inhalt und Form herausgearbeitet werden. Es handelt sich lediglich darum, auf die verschiedenen Akzente der einzelnen Erzählungen hinzuweisen, in denen der Märchen-, Legenden- oder Fabelcharakter besonders deutlich zum Ausdruck kommt.

Die erste Textgruppe bietet Märchen an, die als *„einfache, eindimensional-fantastische Formen der Volksliteratur"*[1] wegen der *„wunderbaren Bilder"* von den Kindern zu ihrer Entwicklung *„gebraucht"*[2] werden.

Die drei übrigen Gruppen bieten Erzählungen an, in denen entweder das Wunder (Legendencharakter), die Lehre (Fabelcharakter) oder die Alltagserfahrung (Realitätscharakter) in Schule, Familie und Umwelt eine dominierende Rolle spielen.

Die jeweils ersten zwei Stundenbilder einer Textgruppe sind für die 1. Klasse, die übrigen für die 2. vorgesehen. Die zehn illustrierten Textblätter sind als zusätzliches Material für Vertretungsstunden oder für die Freiarbeit gedacht. Die Kopiervorlagen, welche die Tafelbilder zur Nach- und Weiterarbeit enthalten, stellen *eine* Möglichkeit der Textinterpretation und des Textumgangs dar. Sie können nicht als die *einzige,* erst recht nicht als die *allein richtige* Lösung betrachtet werden. Diese Einschränkung gilt selbstverständlich auch für die Unterrichtsvorschläge, die jeweils nach der eigenen Erfahrung der Lehrkraft und nach der spezifischen Klassensituation variiert werden können.

Die Unterrichtsvorschläge sind einheitlich gegliedert in Sachanalyse, didaktische Analyse (mit Lernzielen), Verlaufsplanung (mit Tafelbild und Arbeitsblatt) und Weiterführung (mit Hinweisen auf einen fächerübergreifenden Unterricht und auf Freiarbeit).[3]

Die illustrierten Textvorlagen und Arbeitsblätter können somit direkt (als Klassenunterricht) oder indirekt (als Einzel-, Partner-, Paten- oder Gruppenunterricht) oder auch im „offenen Unterricht" eingesetzt werden.

Herausgeber und Bearbeiter hoffen, dass Lehrkräfte und Kinder der 1. und 2. Klasse diese Unterrichtshilfe für einen effektiven Umgang nutzen können, der auch Spaß bereitet und der Pflege volkstümlicher Literaturformen und vor allem der Bereicherung des Schullebens und des persönlichen Lebens zu dienen vermag.

Oswald Watzke (Hrsg.)

---

1 Gerhard Haas (Hrsg.): Kinder- und Jugendliteratur. 3. Aufl. Stuttgart 1984, vgl. S. 296.
2 Bruno Bettelheim: Kinder brauchen Märchen. Stuttgart 1977.
3 Vgl. hierzu z. B.:
Oswald Watzke (Hrsg.): Lehrerhandbuch zum Auer Lesebuch für die Grundschule. Band für die 2., 3. und 4. Jahrgangsstufe. Donauwörth 1992 ff.
Oswald Watzke (Hrsg.): Märchen in Stundenbildern, 3. und 4. Jahrgangsstufe. 3. Aufl. Donauwörth 2004.
Oswald Watzke (Hrsg.): Fabeln in Stundenbildern, 3. und 4. Jahrgangsstufe. 5. Aufl. Donauwörth 2003.
Oswald Watzke (Hrsg.): Schwänke in Stundenbildern, 3. und 4. Jahrgangsstufe. 1. Aufl. Donauwörth 1999.

Die Bremer Stadtmusikanten

Ein Esel,
ein Hund,
eine Katze
und ein Hahn
5 wandern nach Bremen.

Sie wandern und wandern.
Sie kommen in einen Wald.
Dunkel ist es im Wald.

Auf einmal sehen sie ein Licht.
10 Das Licht brennt im Räuberhaus.
Im Räuberhaus sind die Räuber.

Der Hund stellt sich auf den Esel.
Die Katze stellt sich auf den Hund.
Der Hahn stellt sich auf die Katze.

15 Sie machen Musik:
Der Esel schreit: I–a! I–a!
Der Hund scheit: Wau, wau! Wau, wau!
Die Katze schreit: Miau! Miau!
Der Hahn schreit: Kikeriki! Kikeriki!

20 Da laufen die Räuber weg.

Schön warm ist es im Räuberhaus.
Genug zu essen ist im Räuberhaus.
Genug zu trinken ist im Räuberhaus.

Ein Räuber kommt wieder zurück.
25 Aber der Esel,
der Hund,
die Katze
und der Hahn
machen wieder Musik.
30 Da läuft der Räuber wieder weg.
Brüder Grimm

Brüder Grimm: Die Bremer Stadtmusikanten

1. Zur Sachanalyse

Die umfangreiche grimmsche Märchenfassung wurde eigens auf einen leicht les- und verstehbaren Fibeltext[1] gekürzt, wobei alle Handlungselemente beibehalten wurden:

a) der gemeinsame Lebensweg („Sie wandern nach Bremen", weil die Menschen sie vertrieben haben),
b) die gemeinsame Lebensangst („Dunkel ist es im Wald", sie fürchten sich),
c) die gemeinsame Lebenshoffnung („Sie sehen ein Licht", das ihnen Hoffnung auf eine Bleibe macht),
d) der gemeinsame Lebenskampf („… stellt sich auf …" bedeutet, sie stehen zusammen und werden dadurch größer, mächtiger und furchteinflößender),
e) das gemeinsame Kampfmittel („Sie machen Musik" und vertreiben dadurch die Räuber: „Da laufen die Räuber weg"),
f) die endgültige Inbesitznahme des Räuberhauses („Schön warm ist es …") und die Verteidigung gegen den letzten Räuber, der wiedergekommen war,
g) die märchentypische Lehre: Die Guten (hier: Tiere) siegen über die Bösen (hier: Räuber).

Der Fibeltext bedient sich dabei bewusst einfachster Sätze, zahlreicher Wortwiederholungen und einprägsamer Reihensätze. Mit diesen sprachlichen Mitteln wird insbesondere der Höhepunkt dieses beliebten Tiermärchens, das Helfried Stöckel[2] auch als Abenteuermärchen bezeichnet, gestaltet: „Sie machen Musik. Der Esel schreit: I-a! I-a! Der Hund schreit: Wau, wau! Wau, wau!" Usw.

2. Zur didaktischen Analyse

Die Kinder des 1. Schuljahrs werden sich sehr schnell mit den „armen Tieren" identifizieren, weil sie an deren Schicksal Anteil nehmen und sich mit ihnen an der „ausgleichenden Gerechtigkeit"[3] freuen, ebenso an der List, mit welcher die Schwachen über die vermeintlich Starken siegen.
Methodisch betrachtet sollten diese Einsichten nicht „herbeigeredet" und auch nicht intellektualisiert werden mit „das bedeutet dies und dies und dies"[4], sondern mit eigenen „Bild- und Sprachelementen kommentiert"[5] werden.
So sollen nach Gerhard Haas folgende methodische Mittel genutzt werden[6]:
– eigene Bildvorstellungen mündlich oder schriftlich abrufen,
– bildnerisches Gestalten anregen (Märchenfiguren aus Ton, Pappe oder anderem Material herstellen),
– szenische Darstellung ermöglichen (mimische, gestisch-pantomimische Ausdrucksformen, Märchenspiel),
– tänzerische und/oder musikalische Ausdrucksformen ausprobieren.

Dieses Märchen ist sehr gut geeignet, Gefühl, Fantasie, Sprachfähigkeit und Spielfreude der Kinder zu bereichern.

Lernziele: Die Kinder sollen

1. die Tiere als Märchenhelden kennen und schätzen lernen,
2. Spaß am kreativen, handlungsorientierten und fächerübergreifenden Umgang mit dem Märchen haben,
3. erkennen, dass im Märchen das Gute über das Böse siegt,
4. zum Hören (später zum Lesen) von Märchen motiviert werden.

3. Zur Verlaufsplanung

3.1 Hinführung

– Erzählkreis bilden
– Bildimpuls: Kopiervorlage ohne Text als Folie vorlegen, freie Aussprache üben
– Bild- und/oder Gedächtniserzählungen von den Kindern formulieren lassen
– Zielangabe: Märchenstunde: „Die Bremer Stadtmusikanten" …

3.2 Textbegegnung

– Vorlesen des Fibeltextes durch die Lehrkraft
– spontane Äußerungen der Kinder
– gemeinsames Betrachten des illustrierten Textblattes
– gemeinsames Lesen der Zeilen 16–19 (Lehrkraft Zeile 15)
– Einzel-, Partnerlesen (Lehrkraft hilft Leseschwachen); Flüstersprache

3.3 Textdurchdringung und -gestaltung (in freier Arbeit nach Wahl)

– Illustrieren der einzelnen Szenen: 1. Sie wollen nach Bremen. 2. Sie laufen im dunklen Wald. 3. Sie sehen ein Licht. 4. Sie stellen sich aufeinander. 5. Sie machen Musik. 6. Die Räuber laufen fort. 7. Sie haben es sehr schön im Räuberhaus. 8. Ein Räuber kommt wieder. 9. Sie vertreiben ihn und machen es sich gemütlich im Räuberhaus.
– szenische Darstellung dieser einzelnen Szenen vorbereiten (Rollenverteilung, Handlungsablauf)
– musikalische Inszenierung (Lautmalerei der Tierstimmen, Begleitung mit orffschen Instrumenten)

3.4 Auswertung der (vorläufigen) Ergebnisse

– Zeichnungen der einzelnen Szenen zu einem „Erzählkino"[7] zusammenstellen
– Darstellungen der einzelnen Szenen zu einem Märchenspiel zusammenfügen
– Begleitung dieses Märchenspiels mit Musik (Stimme und orffsches Schulwerk)

---

1 Originalbeitrag vom Hrsg. nach den Brüdern Grimm (angelehnt an: Frohes Lernen, hrsg. von Erika Kunschak. 2. Teil. Stuttgart 1982, S. 88).
2 Helfried Stöckel: Die Bremer Stadtmusikanten. In: Lernziele Kurse Analysen 3, hrsg. von Johann Bauer. Hannover 1975, vgl. S. 71 ff.
3 Stöckel, a. a. O., S. 72.
4 Gerhard Haas: Die Logik der Märchen. In: Märchen in Erziehung und Unterricht, hrsg. von Ottilie Dinges, Monika Born und Jürgen Janning. Kassel 1986, S. 28.
5 Haas, a. a. O., S. 27.
6 Haas, a. a. O., vgl. S. 10–30. Siehe hierzu auch: Oswald Watzke: Umgang mit Texten in der Primarstufe. München, 3. Aufl. 1979, vgl. S. 25–33. Siehe hierzu auch: O. Watzke (Hrsg.): Märchen in Stundenbildern, 3./4. Jahrgangsstufe. Donauwörth, 3. Aufl. 2004.

3.5 Ausklang

Erzählkreis (nach der freien Arbeit in Gruppen), Zusammenfassung der heutigen Märchenstunden, Planung der Weiterarbeit, Schlussvortrag (durch Lehrkraft und/oder Kinder).

4. Zur Weiterführung

- Leseübung zur Sinn- und Klanggestaltung und Lesefertigkeit, evtl. Tonbandaufnahme
- weitere Ausgestaltung des Erzählkinos (Wandfries im Klassenzimmer)
- weitere Ausgestaltung des Märchenspiels, evtl. für eine Aufführung am Elternabend oder bei einem Schulfest)
- Freiarbeit in der Schuldruckerei[8]: Titel und Kernsätze (Einzelszenen) drucken, Einladungskarten herstellen ...
- Einstudierung des Märchenliedes „Die Bremer Stadtmusikanten" (siehe S. 136); auch für die 2. Klasse.

Tafelbild:

---

[7] Helmut von Arz: Märchenillustration. In: Dinges/Born/Janning, a. a. O., S. 214–220.
[8] Eberhard Dettinger: Lettern und Druckpresse – die Schuldruckerei als vielseitiges Arbeitsmittel. In: Öffnung des Unterrichts in der Grundschule, hrsg. von Peter Hell. Donauwörth 1993, S. 154–169.

Lesen Name: Klasse: am:

Die Bremer Stadtmusikanten

Die Namen der Märchentiere:

Das gute Ende:

Die _____

Tiere siegen

über die _____

Räuber.

Wir erzählen, zeichnen, basteln, drucken, spielen das Märchen. Wir machen sogar Musik dazu …

Das Rübenziehen

Väterchen hat Rüben gesät. Es will eine Rübe herausziehen. Es packt sie beim Schopf, es zieht und zieht und kann sie nicht herausziehen. Väterchen ruft Mütterchen. Mütterchen zieht Väterchen, Väterchen zieht die Rübe. Sie ziehen und ziehen und können sie nicht herausziehen.

Kommt das Kindchen: Kindchen zieht Mütterchen, Mütterchen zieht Väterchen, Väterchen zieht die Rübe. Sie ziehen und ziehen und können sie nicht herausziehen.

Kommt das Enkelchen: Enkelchen zieht Kindchen, Kindchen zieht Mütterchen, Mütterchen zieht Väterchen, Väterchen zieht die Rübe. Sie ziehen und ziehen und können sie nicht herausziehen.

Kommt das Hündchen: Hündchen zieht Enkelchen, Enkelchen zieht Kindchen, Kindchen zieht Mütterchen, Mütterchen zieht Väterchen, Väterchen zieht die Rübe. Sie ziehen und ziehen und können sie nicht herausziehen.

Kommt das Hühnchen: Hühnchen zieht Hündchen, Hündchen zieht Enkelchen, Enkelchen zieht Kindchen, Kindchen zieht Mütterchen, Mütterchen zieht Väterchen, Väterchen zieht die Rübe. Sie ziehen und ziehen und können sie nicht herausziehen.

Kommt das Hähnchen: Hähnchen zieht Hühnchen, Hühnchen zieht Hündchen, Hündchen zieht Enkelchen, Enkelchen zieht Kindchen, Kindchen zieht Mütterchen, Mütterchen zieht Väterchen, Väterchen zieht die Rübe. Sie ziehen und ziehen – schwupp! ist die Rübe heraus und das Märchen ist aus.

Volksgut aus Russland

Russisches Volksmärchen: Das Rübenziehen

1. Zur Sachanalyse

Auffallend an diesem russischen Kettenmärchen sind der klare Aufbau und die einfache Handlung. Am Anfang steht ein Problem: Eine Rübe soll aus der Erde gezogen werden, was aber auf Anhieb nicht gelingt. Väterchen schafft es nicht alleine und ruft Mütterchen zur Hilfe. Unaufgefordert erscheinen dann Kindchen und Enkelchen und zum Schluss noch drei Tiere: Hündchen, Hühnchen und Hähnchen. Auffällig ist die Verkleinerungsform, in der die Beteiligten genannt werden, was wohl mit der bildreichen russischen Sprache zusammenhängt. Analog zur Handlung verläuft jede Strophe mit dem gleichen Satzbau. Alle Strophen enden mit demselben Satz: „Sie ziehen und ziehen und können sie nicht herausziehen." Bemerkenswert sind auch die Größenverhältnisse der beteiligten Helfer: Vom großen Väterchen (Erwachsener) bis zum kleinen Hähnchen. Der Erfolg des Ziehens wird durch „schwupp" eingeleitet. Die Rübe ist heraus. Mit dieser Feststellung ist das Problem gelöst und das Märchen somit auch beendet.

2. Zur didaktischen Analyse

Die Handlung ist so einfach, dass sie anschaulich mit Hilfe von Bildern dargestellt werden kann. Der gleiche Satzbau in allen Strophen hilft beim Lesen, auch wenn der Text für einen ersten Jahrgang recht umfangreich ist. Die Wiederholungen ermöglichen ein „auswendiges Mitsprechen" der Kinder. Die Namen, besonders die der helfenden Tiere, müssen jedoch gesondert erlesen werden, da sie ein differenziertes Betrachten einzelner Buchstaben erforderlich machen.
Der Gehalt des Märchens entspricht kindlichen Erfahrungen: „Wenn alle zusammen helfen, löst sich ein Problem meist besser und schneller." Diese Erkenntnis kann auf die kindliche Situation übertragen werden. So kann dieses Märchen ein Beitrag zu einem Stück Lebensbewältigung sein.

Lernziele: Die Kinder sollen

1. das Märchen vom Rübenziehen kennen lernen,
2. den Inhalt durch Mitsprechen und mit Hilfe von Bildern erfassen,
3. erkennen, dass manches gemeinsam besser geht,
4. das Märchen im szenischen Spiel und mit Einsatz von Orff-Instrumenten gestalten.

3. Zur Verlaufsplanung

3.1 Hinführung

L-Demonstration einer Futterrübe. Die Kinder äußern sich spontan. Klärung: Rübe für Tiere (evtl. vgl. mit Karotte). In der Zielangabe wird der Titel des Märchens angeschrieben mit dem Hinweis auf die eigenen Schwierigkeiten beim Herausziehen solch einer großen Rübe aus der Erde.

3.2 Textbegegnung

Die Lehrkraft trägt das Märchen klanggestaltend vor und die Kinder äußern sich spontan. Der Hinweis, dass zum Herausziehen der Rübe viele nötig waren, lenkt die Aufmerksamkeit auf die beteiligten Helfer. Wortkarten mit deren Namen werden gemeinsam erlesen. Auf das genaue Betrachten einzelner Buchstaben wird hingewiesen.

3.3 Texterschließung

Inhalt:

An der Tafel erscheinen die Helfer durcheinander. Während die Lehrkraft das Märchen ein zweites Mal vorträgt, ergänzen die Kinder verbal den nächsten Helfer und bringen die Figuren an der Tafel in die richtige Reihenfolge. An dieser Stelle können die Kinder den Text bereits mitsprechen. Den Figuren werden nun die entsprechenden Wortkarten zugeordnet und dabei gelesen. Es folgt eine Phase des lauten Lesens der Namen und deren Eintrag auf dem Arbeitsblatt.

Gestaltung:

Der Hinweis, dass man das Märchen auch spielen könnte, lässt Vorschläge der Kinder zur Gestaltung zu. Orff-Instrumente werden den einzelnen Personen und Tieren zugeordnet und über ihre Klanggestalt gesprochen:

Mögliche Zuordnung:

Väterchen	Handtrommel (Väterchen geht aufs Feld, langsame Schläge)
Mütterchen	Handtrommel (schnellere Schläge)
Kindchen	Holzblocktrommel (schnelle Schläge)
Enkelchen	Holzblocktrommel (noch schnellere Schläge)
Hündchen	Rassel
Hühnchen	Glockenspiel
Hähnchen	Schellenkranz
ziehen	glissando steigend auf dem Xylophon
schwupp	alle Instrumente

Wichtig ist, dass der Vorleser des Märchens nach dem jeweiligen Helfer („Kommt das ...") eine Pause für die Instrumenteneinlage macht.
Der Satz: „Sie ziehen und ziehen" kann im Chor gesprochen werden.

Gehalt:

Der Impuls der Lehrkraft: „Am Anfang hat es nicht so ausgesehen, als ob Väterchen die Rübe alleine herausziehen könnte!" bringt die Kinder zur Erkenntnis, die an der Tafel festgehalten wird: „Gemeinsam geht es besser!"
Eigene Beispiele der Kinder aus deren Erfahrungsbereich belegen diesen Erkenntnissatz.

3.4 Textvertiefung

Die Kinder ordnen auf dem Arbeitsblatt den Helfern die Namen zu und schreiben den Erkenntnissatz auf. „Wie lautet das Erbgebnis?" TA: „Gemeinsam geht es besser!"

3.5 Ausklang

Abschließend kann das Märchen zusammenhängend als Spiel dargestellt werden, wobei auch die musikalische Untermalung mit eingesetzt werden kann.

4. Zur Weiterführung[1]

- Ausmalen der Bilder auf dem Arbeitsblatt
- Vorführen des Spiels vor einer anderen Klasse
- Kunsterziehung: Wir malen das Märchen vom Rübenziehen (Größenverhältnisse beachten)
- Zeichnen der Märchenfiguren auf Pappkarton, ausschneiden und mit Stab versehen als Figuren für ein Märchenschattenspiel …

Tafelbild:

Das Rübenziehen

Wer zieht alles an der Rübe?
Schreibe alle Namen auf!

1. das Väterchen
2. das Mütterchen
3. das Kindchen
4. das Enkelchen
5. das Hündchen
6. das Hühnchen
7. das Hähnchen

Gemeinsam geht es besser!

---

[1] Oswald Watzke (Hrsg.): Lehrerhandbuch zum Auer Lesebuch für die 2. Jahrgangsstufe. 2. Aufl., Donauwörth 1992, vgl. S. 120–123.
Siehe auch: Helga Zitzlsperger: Kinder spielen Märchen. Spielprojekte und schöpferische Gestaltungsmöglichkeiten zu neun Volksmärchen. Weinheim 1993.
Siehe auch: I. Thümmel/M. Theis-Scholz: Märchen-Stunden mit den Gebrüdern Grimm. Einladungen zum Mitmachen und Weiterführen. Bochum 1994.

Lesen   Name: Klasse: am:

Das Rübenziehen

Wer zieht alles an der Rübe?
Schreibe alle Namen auf!

1.
2.
3.
4.
5.
6.
7.

Wie lautet das Ergebnis?

Der süße Brei

Es war einmal ein armes frommes Mädchen, das lebte mit seiner Mutter allein und sie hatten nichts mehr zu essen.

Da ging das Kind hinaus in den Wald; es begegnete ihm da eine alte Frau, die wusste seinen Jammer schon und schenkte ihm ein Töpfchen, zu dem sollt es sagen: „Töpfchen, koche!", so kochte es guten süßen Hirsebrei, und wenn es sagte: „Töpfchen, steh!", so hörte es wieder auf zu kochen.

Das Mädchen brachte den Topf seiner Mutter heim und nun waren sie ihrer Armut und ihres Hungers ledig und aßen süßen Brei, so oft sie wollten.

Auf eine Zeit war das Mädchen ausgegangen, da sprach die Mutter: „Töpfchen, koche!", da kocht es und sie isst sich satt; nun will sie, dass das Töpfchen wieder aufhören soll, aber sie weiß das Wort nicht.

Also kocht es fort und der Brei steigt über den Rand hinaus und kocht immerzu, die Küche und das ganze Haus voll und das zweite Haus und dann die Straße, als wollt's die ganze Welt satt machen. Es ist die größte Not und kein Mensch weiß sich da zu helfen.

Endlich, wie nur noch ein einziges Haus übrig ist, da kommt das Kind heim und spricht nur: „Töpfchen, steh!", da steht es und hört auf zu kochen.

Und wer wieder in die Stadt wollte, der musste sich durchessen.

Brüder Grimm

Brüder Grimm: Der süße Brei

1. Zur Sachanalyse

Es handelt sich um ein Zaubermärchen, das zweiteilig (Zeile 1–8 und 9–18) aufgebaut ist. Einem armen, frommen Mädchen, das mit seiner Mutter nichts mehr zu essen hat, begegnet eine alte Frau, die eine gute Fee ist. Diese schenkt dem armen Kind ein Zaubergerät in Form eines Töpfchens und einen Zauberspruch, der das Töpfchen kochen und wieder zu kochen aufhören lässt. Die Not hat nun für alle Zeit ein Ende. Doch diese Nahrungsquelle führt zu einem bedrohlichen Überfluss, weil die Mutter die zweite Hälfte der Zauberformel vergessen hat. Erst das noch rechtzeitige Heimkommen des Kindes und das Sprechen der Schlussformel verhütet Schlimmeres.

Dieser Text weist folgende märchentypische Merkmale auf:
– formelhafter Beginn („Es war einmal…"),
– Armut und Not der Menschen,
– eine „alte Frau" als gute Fee,
– ein Zauber (Zaubergerät, Zauberformel) hilft,
– Gefährdung des Menschen durch Überfluss, falls er ihn nicht „beherrscht",
– Beherrschung des Überflusses durch Überwindung der Unkenntnis,
– gutes Ende,
– schwankhafter Schluss.[1]

2. Zur didaktischen Analyse

Die Kinder dieser Altersstufe haben großen Spaß an Märchen, in denen die reale Welt durch Zauber aufgehoben wird, in denen Kinder über Erwachsene triumphieren. Diese Freude sollte ihnen nicht durch ein Zerreden im Hinblick auf Form, Merkmale und Bedeutung verdorben werden. Es genügt, wenn die wichtigsten Schlüsselstellen im Text herausgefunden werden:

Zeilen 1/2: „arm", „nichts zu essen"
Zeilen 3/4: „eine alte Frau"
Zeile 4/5: „Töpfchen", „Töpfchen, koche!"
Zeilen 5/6: „Töpfchen, steh!" usw.

Aus der anfänglichen Not wird ein bedrohlicher Überfluss. Doch zum zweiten Mal „wird wieder alles gut"; denn die Gabe der guten Fee wird vom Mädchen bewusst und maßvoll gebraucht.[2]

Lernziele: Die Kinder sollen

1. „Spaß und Freude am Hören, Lesen, Nacherzählen und Spielen des Märchens haben"[3],
2. den formelhaften Anfang als typisches Kennzeichen eines Märchens kennen lernen,
3. „Märchenhaftes" aus dem Text herausfinden (Armut des Mädchens, gute Fee, Zaubergerät, Zauberspruch, Überwindung der Armut, gutes Ende),
4. zur Lektüre weiterer Märchen motiviert werden.

3. Zur Verlaufsplanung[4]

3.1 Hinführung

Bildimpuls (Folie der Kopiervorlage ohne Text), Antizipation des möglichen Inhalts zu diesem Bild; Tafelanschrift des Märchentitels.

3.2 Textbegegnung

Den im Erzählkreis sitzenden Kindern wird dieses Märchen von der Lehrkraft sinnentsprechend und ausdrucksstark vorgetragen.

3.3 Texterschließung

1. Teilziel: Freie, spontane Äußerungen der Kinder

2. Teilziel: Gemeinsames, satzweises Lesen (im Wechsel der Leserinnen und Leser), Benennen der Märchenfiguren (Tafelanschrift) und der Märchenvorgänge (Tafelanschrift); gelenktes Unterrichtsgespräch beim ersten Abschnitt; Lesen und szenisches Gestalten der Schlüsselstellen.
Partnerarbeit (unter Hilfeleistung der Lehrkraft); Erarbeitung des zweiten Abschnittes: Suche die Zeilenzähler für wichtige Textstellen (Schlüsselstellen)! Lies sie vor! Welches Bild würdest du zeichnen?

3. Teilziel: Erstellen des Tafelbildes, Ausfüllen der Kopiervorlage als Textvertiefung und Zusammenfassung.

3.4 Vertiefung

AB „In Not sein"/„Im Überfluss haben": gemeinsames Erarbeiten (1. Teil), jeder darf seine eigene Vorstellung von Reichtum aufschreiben (2. Teil). Arbeitsblatt:

„In Not sein" bedeutet, …
wenn ich _____
wenn ich _____
wenn ich _____

„Im Überfluss haben" bedeutet, …
wenn ich _____
wenn ich _____
wenn ich _____
Ich bin reich, wenn ich _____

---

[1] Johann Bauer: Brüder Grimm: Der süße Brei. In: Lernziele Kurse Analysen 2, hrsg. von Johann Bauer. Hannover 1975, vgl. S. 112.
[2] Bauer, a. a. O., vgl. S. 113.
[3] Oswald Watzke: Der Umgang mit Texten in der Primarstufe. München ³1979, S. 30.
[4] Peter Högler: Volksdichtung. In: Literaturunterricht in Beispielen, hrsg. von Peter Franke. Donauwörth 1983, S. 11–58, S. 20–24.
Siehe auch: Peter Högler: Brüder Grimm: Der süße Brei. In: Lehrerhandbuch zum Auer Lesebuch für Baden-Württemberg, 2. Jahrgangsstufe, hrsg. von Oswald Watzke. Donauwörth 1995, vgl. S. 84–86.

4. Zur Weiterführung

- weitere Vortrags- und freie Erzählversuche
- Anschlussstoff: Märchen „Tischleindeckdich"
- Spielen mit verteilten Rollen (und Requisiten)
- Illustrieren der wichtigsten Schlüsselstellen, Einzelbilder zu einem „Erzählkino" zusammenfügen
- Gattungsspezifische Kriterien des Märchens sollten erst nach Erarbeitung weiterer Märchen behutsam angegangen werden, jedoch immer „eingebettet" in einen kreativen, handlungsorientierten und fächerübergreifenden Märchenumgang (wenn möglich nach persönlicher Wahl in der Freiarbeit); s. Anhang im Band „Märchen in 3/4", hrsg. von Oswald Watzke. Donauwörth ³2004, S. 131–132.

Tafelbild:

Lesen   Name: Klasse: am:

Der süße Brei

(Brüder Grimm)

Das Mädchen ist

Die Mutter ist auch

Die alte Frau ist

Das Zaubergerät:

Die Zauberformel:

Der Zaubervorgang:

Ergebnis:

Die Schlussformel:

Der Überfluss ist

Wir „montieren" eine Geschichte

Der süße Brei

Es war einmal ein armes frommes Mädchen, das lebte mit seiner Mutter allein und sie hatten nichts mehr zu essen.

Also kocht es fort und der Brei steigt über den Rand hinaus und kocht immerzu, die Küche und das ganze Haus voll und das zweite Haus und dann die Straße, als wollt's die ganze Welt satt machen. Es ist die größte Not und kein Mensch weiß sich da zu helfen.

Da ging das Kind hinaus in den Wald; es begegnete ihm da eine alte Frau, die wusste seinen Jammer schon und schenkte ihm ein Töpfchen, zu dem sollt es sagen: „Töpfchen, koche!", so kochte es guten süßen Hirsebrei, und wenn es sagte: „Töpfchen, steh!", so hörte es wieder auf zu kochen.

Das Mädchen brachte den Topf seiner Mutter heim und nun waren sie ihrer Armut und ihres Hungers ledig und aßen süßen Brei, so oft sie wollten.

Endlich, wie nur noch ein einziges Haus übrig ist, da kommt das Kind heim und spricht nur: „Töpfchen, steh!", da steht es und hört auf zu kochen.

Auf eine Zeit war das Mädchen ausgegangen, da sprach die Mutter: „Töpfchen, koche!", da kocht es und sie isst sich satt; nun will sie, dass das Töpfchen wieder aufhören soll, aber sie weiß das Wort nicht.

Und wer wieder in die Stadt wollte, der musste sich durchessen.

Brüder Grimm

Hinweise für die Freiarbeit:

1. *Beim Lesen merkt ihr, dass die Abschnitte des Märchens durcheinander sind.*
2. *Schneidet die sieben Streifen aus!*
3. *Klebt diese in der richtigen Reihenfolge unter die Überschrift! Vergleicht!*
4. *Umrahmt alle Personen mit verschiedenen Farben!*
5. *Markiert den Abschnitt, der euch am besten gefällt, mit eurer Lieblingsfarbe!*
6. *Vergleicht eure markierten Abschnitte und sprecht darüber!*
7. *Lest dieses Märchen mit verteilten Rollen! Könnt ihr es spielen?*
8. *Male dich selbst, wie du das Zauberwort sprichst!*

Das Mädchen und die Schlange

Am Walde wohnte ein Holzhacker. Der hatte sieben Kinder. Die Leute waren aber so arm, dass sie sich nicht einmal satt essen konnten.

Eines Tages sagte die Mutter zu dem ältesten Mädchen: **„Nimm den Korb, geh in den Wald und suche süße Beeren! Die wollen wir verkaufen, damit wir Brot auf dem Tisch haben. Nimm auch dieses Becherchen voll Milch und dies Stückchen Brot! Es ist das letzte."**

Das Mädchen ging und suchte nach süßen Beeren. Aber es fand keine. Es kam immer tiefer in den Wald. Die Füße taten ihm weh. Es wurde müde, setzte sich auf einen Stein und weinte.

Da zischte etwas im Grase. Als das Mädchen hinsah, sah es eine Schlange. Sie trug ein goldenes Krönlein auf dem Kopfe. Die Schlange sagte: **„Ich tu dir nichts zuleide. Lass mich nur von deinem Brot essen und aus deinem Becherlein trinken!"**

Das Mädchen hielt der Schlange das Brot hin und sie aß ein paar Bissen. Dann reichte das Mädchen ihr den Becher und sie trank ein paar Tröpfchen. Danach sprach die Schlange: **„Ich danke dir. Komme morgen wieder zu diesem Stein! Ich bringe dann meine drei Kinder mit. Aber sage niemandem, dass du mich gesehen hast!"**

Das Mädchen lief schnell nach Hause. Die Mutter schimpfte, weil es keine Beeren hatte, und sagte: **„Morgen musst du noch einmal in den Wald gehen und so lange suchen, bis der Korb voller Beeren ist!"**

Am anderen Morgen machte sich das Mädchen wieder auf den Weg, nahm auch das Brot wieder mit und die Milch. Es hatte nichts davon gegessen und nichts davon getrunken. Es kam an den Stein und setzte sich darauf.

Nach einer Weile erschien die Schlange. Drei kleine Schlangen waren bei ihr und jede hatte ein goldenes Krönlein auf dem Kopfe. Sie aßen alle von dem Brot und tranken von der Milch.

Zuletzt sagte die große Schlange: **„Halte deine Schürze auf, damit wir dir den Lohn geben!"** Das Mädchen tat es. Da ließen die Schlangen ihre Krönlein in die Schürze fallen und waren verschwunden. Das Mädchen aber trug die kleinen goldenen Kronen eilends nach Hause. Da war die Freude groß. Und alle Not hatte ein Ende.

Volksgut

Volksgut: Das Mädchen und die Schlange

1. Zur Sachanalyse

Märchen erzählen von einer Welt, in der „Zauberei" als magisches Tun und „Wunder" als magische Wirkungen gleichsam an der Tagesordnung sind. In dieser Märchenwelt begegnen wir dem „Helden", der oft eine besondere „Aufgabe" zu erfüllen hat. Bei der Bewältigung dieser Aufgabe, die meistens ein glückliches Ende – ein „Happy End" – findet, erfährt der Märchenheld das Einwirken einer „jenseitigen Welt" („Märchenwunder"), die er im Gegensatz zur Sage nicht als bedrohlich, sondern als hilfreich und ganz selbstverständlich erlebt und hinnimmt. Der Märchenheld wandert auf seinem Weg gewissermaßen zwischen zwei Welten, der diesseitigen und jenseitigen, übergangslos hin und her.[1] Unsere Märchenheldin, das arme, aber gütige Mädchen, wird von der jenseitigen Macht, hier in Gestalt einer Schlange, belohnt.

2. Zur didaktischen Analyse

„Das Mädchen und die Schlange" ist ein typisches Kindermärchen. Das Mädchen repräsentiert die „Märchenheldin". Es hat eine „Aufgabe" zu erfüllen: „Nimm den Korb, geh in den Wald und suche süße Beeren!" Bei der Erledigung der Aufgabe erfährt es den hilfreichen Eingriff einer „jenseitigen Welt", hier in Gestalt einer Schlange. Sie spendet dem braven Mädchen, das sein letztes Stückchen Brot und Schlückchen Milch mit der (den) Schlange(n) teilt, einen reichen Lohn für seine Selbstlosigkeit: „Das Mädchen aber trug die kleinen goldenen Kronen eilends nach Hause. Da war große Freude. Und alle Not hatte ein Ende." Es handelt sich um das Motiv „das dankbare Tier".

Die Frage, ob Märchen mit ihrer so realitätsfernen, magischen Welt in der heutigen Zeit noch zeitgemäßer Unterrichtsgegenstand sein können, wird dahingehend beantwortet, dass sich auch heute noch die Kinder erfahrungsgemäß einen Sinn für die wirklichkeitsfernen Inhalte des Märchens bewahrt haben. „Nichts tut den Zeiten so Not wie das Unzeitgemäße" (Joseph Bernhart).

Lernziele: Die Kinder sollen

1. den Inhalt des Märchens über den L-Vortrag, das stille Mitlesen des Textes beim erneuten L-Vortrag und über sechs (gemalte oder ausgedachte) Bilder kennen lernen,
2. den Gehalt (reicher Lohn von der Schlange für die selbstlose Hilfe des Mädchens) erfassen,
3. den Text mit verteilten Rollen klanggestaltend angemessen vortragen,
4. einen Bilderfries zum Märchen gestalten.

3. Zur Verlaufsplanung

3.1 Hinführung

Die Lehrkraft schlägt eine Märchensammlung auf und lässt die Kinder anhand der Illustrationen einige bekannte Märchen erraten und sich jeweils äußern.

---
[1] Lehrerbegleitheft zu Klett-Lesebuch 3. Stuttgart 1967, vgl. S. 23.

Nun erhalten die Kinder das Textblatt „Das Mädchen und die Schlange" und betrachten die Illustration.
Es folgt eine gezielte Bilderläuterung. Mögliche Hinweise:

– Das Mädchen weint? (armselige Kleidung, leerer Korb!)
– Es hält ein Stück Brot in der Hand?
– Ein Becher (mit Milch) steht neben ihm?
– Was bedeutet die Krone auf dem Kopf der Schlange?
– Was will die Schlange von dem Mädchen?

Nach den Schülervermutungen erfolgt die Überleitung zum Märchentext mit der Zielangabe: Auf alle unsere Fragen erfahren wir jetzt die Antwort in dem Märchen „Das Mädchen und die Schlange" (TA).

3.2 Begegnung mit dem Märchentext

Die Lehrkraft liest das Märchen eindrucksvoll vor. Die Kinder hören zu. (Das Textblatt ist umgedreht, damit die Kinder nicht abgelenkt werden!) Drei spannungserhöhende Zäsuren, jeweils vor den Worten der Schlange, sind sinnvoll.
Die Kinder äußern sich nach der Darbietung des Märchens zum Verlauf. Die Lehrkraft liest zum besseren Verständnis den Text noch einmal vor. Die Kinder lesen auf dem Textblatt mit.

3.3 Texterschließung

1. Teilziel: Erschließung des Inhalts

Der Handlungsverlauf wird mittels sechs Bildern (tatsächlich gemalter oder gemeinsam ausgedachter) rekapituliert und durchdrungen:

1. Bild: der Auftrag an das Mädchen – Beeren zum Verkauf sammeln
2. Bild: beim Beerensuchen im Wald – vergebliche Mühe
3. Bild: die Begegnung mit der Schlange – Mädchen gibt Brot und Milch, besteht die Probe
4. Bild: Ankunft zu Hause – ohne Beeren – Mutter schimpft
5. Bild: die zweite Begegnung mit der Schlange und ihren drei Kindern – Mädchen besteht wieder die Probe
6. Bild: reicher Lohn zum Dank – „alle Not hat ein Ende"

2. Teilziel: Erschließung des Gehalts

Angestrebte Erkenntnis: Das arme Mädchen gibt der Schlange von dem Wenigen, das es selbst noch hat, zu essen und zu trinken und schweigt gehorsam zu Hause über seine Begegnung mit ihr. Für seine selbstlose Hilfe wird es dann reich belohnt.

3. Teilziel: Bearbeitung des Arbeitsblattes

Die Kinder füllen den in der Erschließungsphase erarbeiteten TA-Text auf dem Arbeitsblatt aus. Der Märchentext dient dabei als inhaltliche und rechtschriftliche Stütze.

3.4 Lesetechnische Durchdringung

Leseübung (in einer zweiten Stunde) als Suchspiel: Der Text wird abschnittweise durchgearbeitet. Die Lehrkraft zitiert jeweils schwierige Wörter und Wortgruppen. Die Kinder suchen im Text nach und deuten mit dem Finger auf das gefundene Wort. Um die Arbeit aufzulockern, kann sie auch als Rätsel durchgeführt werden, z. B.: „Im 1. Abschnitt steht ein Wort. Das Gegenteil bedeutet ‚reich'!" Nach der lesetechnischen Vorbereitung dürfen die Kinder das Märchen mit verteilten Rollen vorlesen.

4. Zur Weiterführung

- Schulung der Lesefertigkeit: Lesen mit verteilten Rollen
- Kunsterziehung: Gestalten eines Bilderfrieses zum Märchen in arbeitsteiliger Alleinarbeit/ Partnerarbeit oder Freiarbeit
- Lesespiel einüben: szenische Darstellung der Handlung und gleichzeitiges Rollenlesen
- Märchenspiel vorbereiten: Requisiten basteln; Kulissen herstellen, Rollen verteilen bzw. auswählen lassen, wörtliche Reden auswendig lernen, Mimik, Gestik und Szene einüben, evtl. Hintergrundmusik und -geräusche bereitstellen
- Märchenspiel proben und aufführen im Rahmen eines Klassen-, Schul- oder Märchenfestes ...
Hinweis: Organisation eines Märchenfestes in: „Märchen in 3/4", hrsg. von Oswald Watzke. Donauwörth ³2004, S. 130.

Tafelbild:

Das Mädchen und die Schlange

„Nimm den *Korb*,
geh in den *Wald* und
suche süße *Beeren*!"

„Lass mich nur von deinem Brot *essen* und aus deinem Becherlein *trinken*!"

„Halte deine *Schürze* auf,
damit wir dir den *Lohn* geben!"

„Das Mädchen aber trug die kleinen
goldenen *Kronen* eilends nach Hause.
Da war die *Freude* groß.
Und alle *Not* hatte ein Ende."

Lesen Name: Klasse: am:

Das Mädchen und die Schlange

„Nimm den ⬚

geh in den ⬚ und

suche süße ⬚!"

„Lass mich nur von deinem Brot ⬚

und aus deinem Becherlein ⬚."

„Halte deine ⬚ auf,

damit wir dir den ⬚ geben!"

„Das Mädchen aber trug die kleinen

goldenen ⬚ eilends nach Hause.

Da war die ⬚ groß.

Und alle ⬚ hatte ein Ende."

Vom Schlaraffenland

Kommt, wir wollen uns begeben
Jetzo ins Schlaraffenland.
Seht, da ist ein lustig Leben
Und das Trauern unbekannt!
5 Seht, da lässt sich billig leben
Und umsonst recht lustig sein!
Milch und Honig fließt in Bächen,
Aus den Felsen quillt der Wein.

Und von Kuchen, Butterwecken
10 Sind die Zweige voll und schwer.
Feigen wachsen in den Hecken,
Ananas im Busch umher.
Keines darf sich müh'n und bücken,
Alles stellt von selbst sich ein.
15 Oh, wie ist es zum Entzücken!
Ei, wer möchte dort nicht sein!

Und die Straßen allerorten,
Jeder Steg und jede Bahn,
Sind gebaut aus Zuckertorten
20 Und Bonbons und Marzipan.
Und von Brezeln sind die Brücken
Aufgeführt gar hübsch und fein.
Oh, wie ist es zum Entzücken!
Ei, wer möchte dort nicht sein!

25 Ja, das mag ein schönes Leben
Und ein herrlich Ländchen sein.
Mancher hat sich hinbegeben,
Aber keiner kam hinein.
Ja, und habt ihr keine Flügel,
30 Nie gelangt ihr bis ans Tor,
Denn es liegt ein breiter Hügel
Ganz von Pflaumenmus davor.

August Heinrich Hoffmann
von Fallersleben

August Heinrich Hoffmann von Fallersleben: Vom Schlaraffenland

1. Zur Sachanalyse

Der Begriff „Schlaraffenland" geht sprachgeschichtlich zurück auf mhd. „slur" (Faulenzer, Herumtreiber, Schlemmer) und „affe" (Affe, Tor). Bei Sebastian Brant heißt er (1494) „Schluraffenland", bei Hans Sachs (1558) „Schlauraffenland" und bei den Gebrüdern Grimm (1815) „Das Märchen vom Schlauraffenland". Somit bedeutet er auch heute noch so viel wie „Land der Faulenzer, Schlemmer und Affen (Toren)".

Das Motiv taucht vorher schon in der Antike auf im „Mythos vom verlorenen Paradies" und im 14. Jahrhundert als „Lügendichtung", hrsg. von Christoph Heinrich Miller[1].

August Heinrich Hoffmann von Fallersleben formte dieses „Lügenmärchen" in ein Kindergedicht um, indem er die Motive des „unerfüllbaren Wunsches" und/oder „der verkehrten Welt" verstärkt verwendete.

In vier Strophen, die einheitlich aus acht Versen (Reimschema abab cdcd – mit Ausnahme der Waise „Bächen" in Vers 7 – und vierfüßigem Trochäus) bestehen, führt er lebhaft und bewegt den Leserinnen und Lesern bzw. Hörerinnen und Hörern ein Traum-, Wunsch-, Fantasieland, eben ein Märchenland, vor. Hier gibt es die feinsten Nahrungsmittel im Überfluss, nur gute Stimmungen und „auf den Kopf gestellte" Verhältnisse.

In der 1. Strophe, in welcher das lyrische Ich sich direkt an die Adressaten wendet („Kommt …", „seht …"), wird dieses Schlaraffenland als greifbar nahe vorgestellt.

In der 2. Strophe wird mit süßen Früchten, die auf Bäumen, Hecken und Büschen wachsen, mit Faulenzen und Entzücken gelockt.

In der 3. Strophe werden die Bauwerke gepriesen, die – alle aus süßem Naschwerk bestehend – ebenfalls dem Entzücken dienen.

Die 4. Strophe unterbricht jedoch im Sinne der romantischen Ironie plötzlich diese Idylle („Aber keiner kam hinein"), die nun in unerreichbare Ferne gerückt wird. Die erneute direkte Anrede des Dichters („Nie gelangt ihr bis ans Tor") holt seine Adressaten aus dem fantastisch-irrealen Schlaraffenland in die raue Wirklichkeit zurück.

2. Zur didaktischen Analyse

Die Kinder der 1. und 2. Klasse haben erfahrungsgemäß viel Spaß an dieser „verkehrten Welt", am „Überfluss an Süßigkeiten" und an der „heiteren, lustigen und ausgelassenen Stimmung". Ihre große Begeisterung am Naschen, am Nichtstun und am „Verkehrtsein" sollte nicht unbedingt abgetötet, sondern nur etwas gedämpft werden, wenn sie über diese fantastisch-irreale Märchenwelt anhand der Lehrerfragen „Möchtest du dort wohnen?" oder „Lügt der Dichter uns etwas vor?" nachdenken sollen.

Vielleicht kann die Einsicht in die Diskrepanz zwischen Wunschtraum und Realität, zwischen Märchenwelt und wirklicher Welt angebahnt werden. Auch die Kinder machen schon die Erfahrung, dass Wunschträume selten oder nie wahr werden, dass sie aber gut und heilsam für ihre Psyche sind.

So sollten die Kinder (zunächst) ihrem Träumen, Fantasieren und Wünschen freien Lauf lassen dürfen.

Lernziele: Die Kinder sollen

1. ein Wunschmärchen in Gedichtform kennen lernen,
2. Spaß und Freude am „Schlaraffenland" haben,
3. „Signalwörter" im Text feststellen und selbst welche erfinden,
4. sich anhand einer selbst ausgewählten Freiarbeit mit dem Vers-Märchen kreativ-produktiv befassen,
5. das „Märchenlied vom Schlaraffenland" als Singspiel ausgestalten, einstudieren und aufführen.

3. Zur Verlaufsplanung (Projekt)

3.1 Einstimmung

Sitzkreis, Bild-Impuls: Folie: Zeichnung auf dem Gedichtblatt oder „Schlaraffenland" (Kopie von 1567) von Pieter Bruegel (Brueghel, Breughel), dem so genannten Bauernbruegel, freie Bilderzählung und Aussprache. TA: „Vom Schlaraffenland".

3.2 Textbegegnung

Heiterer Lehrervortrag der Strophen 1–3, freie Äußerung der Kinder über eigene Vorstellungen und Wünsche in Bezug auf das „Schlaraffenland", Wiederholung der Strophen 1–3 und Schlussvortrag der 4. Strophe durch die Lehrkraft.

3.3 Texterschließung

1. Teilziel: freie Aussprache (Zustimmung, Enttäuschung, Kritik, Fantasieren …)

2. Teilziel: Signalwörter feststellen

Stillarbeit in drei Abteilungen (mit Patenhilfe und Lehrerbetreuung): stilles Lesen und farbiges Markieren, Umrahmen oder Herausschreiben auf Wortkärtchen (mit „Probelauf"):
1. Abteilung: Stelle die Nahrung (Namenwörter) fest!
2. Abteilung: Stelle die Stimmung (Eigenschaftswörter) fest!
3. Abteilung: Stelle fest (in Sätzen), was alles verkehrt ist!

3. Teilziel: Präsentation der Ergebnisse und Sicherung im Tafelbild, wobei aus Platzgründen nur die – von den Kindern genannten – drei wichtigsten oder beliebtesten Signalwörter notiert bzw. auf Wortkärtchen aufgehängt werden.

4. Teilziel: Lüge oder Wahrheit?

Ausgehend von den Lehrerfragen „Möchtest du dort wohnen?" und „Hat der Dichter uns angelogen?" diskutieren die Kinder diese Frage, wobei sie ihre Lieblingsstellen, abschließend das ganze Gedicht noch einmal vorlesen.

3.4 Produktionsphase (Freiarbeit)

Nach Textbegegnung und freier Aussprache – evtl. auch die Teilziele 2–4 – erfolgt die Produktionsphase. Siehe „Text-Umgangsarten" in Märchen in Stundenbildern, 3./4. Jahrgangsstufe. Donauwörth, [3]2004, S. 131 f.

---

[1] Christoph Heinrich Miller: Sammlung deutscher Gedichte aus dem 12.–14. Jahrhundert. Berlin 1784, Bd. 3, S. XIV.

4. Zur Weiterführung

– Ausmalen und Ausfüllen des Arbeitsblattes
– Fortführen der ausgewählten Freiarbeiten
– Vortrag des Märchengedichtes (evtl. mit Melodie[2] und Hintergrundgeräuschen)
– dieses Märchenlied als Singspiel ausgestalten (Vorsänger, Chor, Begleitinstrumente, Inszenierung, Wechselgesang …), Kulisse und Requisiten bereitstellen, Bewegungsspiele bzw. Tanzschritte sich ausdenken, Proben abhalten, eine Aufführung während eines Schulfaschings einplanen
– ein „Schlaraffenland-Elfchen" verfassen (Vorlage siehe unten)[3].

---

[2] Diesem Kindergedicht wurde die Volksweise „Morgen, Kinder, wird's was geben" unterlegt. Siehe S. 137.
Dieses Märchenlied könnte auch in der 3. und 4. Jahrgangsstufe eingesetzt werden. Siehe hierzu: Oswald Watzke (Hrsg.): Märchen in Stundenbildern, 3. und 4. Jahrgangsstufe. Auer: Donauwörth, 3. Aufl. 2004.
Dort finden sich weitere Sing- und Tanzspiele.

[3] Siehe hierzu: Oswald Watzke (Hrsg.): Gedichte in Stundenbildern, 1. Jahrgangsstufe, Donauwörth, 3. Aufl. 1999, vgl. S. 85 f. und 2. Jahrgangsstufe, Donauwörth, 4. Aufl. 2000, vgl. S. 86 ff.

Tafelbild (zugleich Lösung für das Arbeitsblatt):

Vom Schlaraffenland
(August Heinrich Hoffmann von Fallersleben)

1. Nahrung im Überfluss

aus dem Text: Honig
                Ananas
                Bonbons

eigene Wünsche: _____

2. Stimmungen und Gefühle

aus dem Text: lustig
                nicht traurig
                schön

eigene Wünsche: _____

3. Verkehrte Welt:

aus dem Text: Milch und Honig in Bächen
                Kuchen auf Zweigen
                „Alles stellt von selbst sich ein."

eigene Wünsche: _____

4. Lüge oder Wahrheit?

Die Märchenwelt ist nicht unsere *wirkliche* Welt.
– Aber, es ist schön, so zu *träumen* …

5. Meine Meinung:

_____

Kannst du ein „Schlaraffenland-Elfchen" schreiben?   **Mein Bild:**

Bauplan:

Ein Wort: _____

Zwei Wörter: _____

Drei Wörter: _____

Vier Wörter: Ich _____

Ein Wort: _____

Verfasser: _____

| Lesen | Name: | | Klasse: | | am: | |

Vom Schlaraffenland

(August Heinrich Hoffmann von Fallersleben)

1. Nahrung im Überfluss

aus dem Text:

eigene Wünsche:

2. Stimmungen und Gefühle

aus dem Text:

eigene Wünsche:

3. Verkehrte Welt:

aus dem Text:

eigene Wünsche:

4. Lüge oder Wahrheit?

Die Märchen-Welt ist nicht unsere

— Aber, es ist schön, so zu

Die Sterntaler

Es war einmal ein kleines Mädchen, dem waren Vater und Mutter gestorben, und es war so arm, dass es kein Kämmerchen mehr hatte, darin zu wohnen, und kein Bettchen mehr, darin zu schlafen, und endlich gar nichts mehr als die Kleider
5 auf dem Leib und ein Stückchen Brot in der Hand, das ihm ein mitleidiges Herz geschenkt hatte.
Es war aber gut und fromm. Und weil es so von aller Welt verlassen war, ging es im Vertrauen auf den lieben Gott hinaus ins Feld.
10 Da begegnete ihm ein armer Mann, der sprach: „Ach, gib mir etwas zu essen, ich bin so hungrig!" Es reichte ihm das ganze Stückchen Brot und sagte: „Gott segne dir's!", und ging weiter. Da kam ein Kind, das jammerte und sprach: „Es friert mich so an meinem Kopfe, schenk mir etwas, womit ich ihn bedecken
15 kann!" Da tat es seine Mütze ab und gab sie ihm.
Und als es noch eine Weile gegangen war, kam wieder ein Kind und hatte kein Leibchen an und fror; da gab es ihm seins; und noch weiter, da bat eins um ein Röcklein, das gab es auch von sich hin.
20 Endlich gelangte es in einen Wald, und es war schon dunkel geworden, da kam noch eins und bat um ein Hemdlein, und das fromme Mädchen dachte: „Es ist dunkle Nacht, da sieht dich niemand, du kannst wohl dein Hemd weggeben", und zog das Hemd ab und gab es auch noch hin.
25 Und wie es so stand und gar nichts mehr hatte, fielen auf einmal die Sterne vom Himmel und waren lauter harte, blanke Taler. Und ob es gleich sein Hemdlein weggegeben, so hatte es ein neues an, und das war vom allerfeinsten Linnen. Da sammelte es sich die Taler hinein
30 und war reich für sein Lebtag.

Brüder Grimm

Brüder Grimm: Die Sterntaler

1. Zur Sachanalyse

Die Brüder Grimm dürften dieses Märchen „Armes Mädchen" in Steinau von Frau Gottschalk gehört haben und gaben ihm wegen einer Poetisierung der seit 1811 in Hessen belegten „Sterntaler-Münzen" den neuen Titel.[1]

Die Heldin dieses Wundermärchens ist ein bitterarmes Waisenkind, das sich trotz – oder gerade wegen – ihrer Verlassenheit Güte, Frömmigkeit, Nächstenliebe und Gottvertrauen bewahrt hat. In acht Stationen wird erzählt, wie ihre grenzenlose Mildtätigkeit und Nächstenliebe belohnt werden.

1. Station: Die soziale Lage des armen Waisenmädchens scheint hoffnungslos zu sein.
2. Station: Seine Gesinnung bleibt (beim Aufbruch in Feld und Wald) unerschütterlich gut und fromm, im Vertrauen auf Gott.
3. Station: Einem armen Mann schenkt es sein letztes Stückchen Brot.
4. Station: Einem frierenden Jungen gibt es seine Mütze.
5. Station: Einem frierenden Kind überlässt es sein Leibchen.
6. Station: Einem armen Mädchen gibt es sein Röcklein.
7. Station: Und wieder einem frierenden Mädchen verschenkt es sein „letztes Hemd".
8. Station: Zur Belohnung fallen die Sterne als Taler vom Himmel, erhält die Märchenheldin ein neues Hemd und ist „reich für sein Lebtag".

Somit vollzieht sich das Wunder und es erfüllt sich das allen Märchen innewohnende Gesetz, dass das „Gute belohnt wird".

2. Zur didaktischen Analyse

Erfahrungsgemäß sind die Kinder der 1. und 2. Klasse sofort und gerne mit dieser „gerechten Belohnung" des mildtätigen Mädchens einverstanden, wohl wissend, dass in der Wirklichkeit „keine Sterne als Taler" vom Himmel fallen. Vielleicht erahnen sie schon das Symbolhafte der Märchenwelt, das in unsere Realität hineinwirken kann.

In diesem Sinne könnte die „tätige Nächstenliebe", wie wir sie z. B. bei St. Martin, St. Elisabeth und bei Mutter Teresa beobachten, als eine besonders wertvolle und nachahmenswerte Tugend herausgestellt werden.

Lernziele: Die Kinder sollen

1. ein Wundermärchen der Brüder Grimm kennen lernen,
2. seinen Aufbau in acht Stationen feststellen,
3. vier wichtige Merkmale eines Märchens erkennen,
4. Spaß an einer selbst ausgewählten Textumgangsart haben,
5. Freude am Hören, Lesen und Spielen von Märchen gewinnen.

3. Zur Verlaufsplanung

3.1 Initialphase

Erzählkreis, Musik-Meditation: Melodie: „Weißt du, wie viel Sternlein stehen…" zum Lauschen, Mitsummen, evtl., falls das Lied bereits bekannt ist, zum Mitsingen, Bild-Meditation: Folie: Zeichnung auf Textblatt.

3.2 Rezeptionsphase

1. Lehrervortrag („halbfreies Erzählen"), spannend und eindrucksvoll (evtl. auch Abspielen einer Märchenschallplatte).
2. Stilles Lesen des Märchentextes (mit Betreuung der Leseschwachen) unter dem Leseauftrag: „Markiere (oder umrahme oder schreibe auf Wortkärtchen heraus) die Eigenschaften (die Eigenschaftswörter) der Märchenheldin!" (Methodischer Weg nur in der 2. Klasse!)

3.3 Reflexionsphase

1. Teilziel: die Eigenschaften der Märchenheldin

Spontane und freie Aussprache, Klärung der Begriffe „Taler" und „Linnen", Berichte über den Leseauftrag mit dem erwarteten Ergebnis (TA):

| arm | klein | gut | fromm | reich |

Ergänzung im gelenkten Unterrichtsgespräch:

Zeile 6: „mitleidiges Herz" : | mitleidig |
Zeile 8: „im Vertrauen auf Gott" : | vertrauensvoll |
Zeile 24: „und gab es auch noch…" : | hilfsbereit |

2. Teilziel: die Stationen des Märchens

Nach der durch das abschnittweise Lesen und im gelenkten Unterrichtsgespräch erarbeiteten 1. und 2. Station und Vorgabe aller 8 Stationen (linke TA) notieren die Kinder in Partnergruppen die Inhalte der Stationen in Stichpunkten (rechte TA). Erwartetes Ergebnis siehe Tafelbild!

3. Teilziel: wichtige Merkmale des Märchens

Gezieltes Textlesen im gelenkten Unterrichtsgespräch und Kennzeichnen der betr. Textstellen (Farbmarkierung oder Umrahmung, Unterstreichung oder Satzstreifen anfertigen), erwartetes Ergebnis siehe Tafelbild! (Arbeitsblatt 1: 1. Klasse; Arbeitsblatt 2: 2. Klasse)

4. Teilziel: Ergebnissicherung im Tafelbild

3.4 Spielphase

Diese Spielphase wird bereits im 2. Teilziel der Reflexionsphase vorbereitet, wenn bei der Feststellung der Stationen gleichzeitig die natürlichen Gegenstände gezeigt werden bzw. die Zeichnungen oder Schattenrisse der Personen und Dinge bereitgestellt werden.

Die Spielgruppen bereiten Leinwand und Lichtquelle vor, regeln die Rollenverteilung (Märchenheldin, alter Mann mit Stückchen Brot, Junge mit Mütze, Mädchen mit Leibchen, Mädchen mit Röcklein, Mädchen mit Hemdlein, neues Hemd

---

[1] Brüder Grimm: Kinder- und Hausmärchen. Jubiläumsausgabe zum 200. Geburtstag der Brüder Grimm 1985/86, hrsg. von Heinz Rölleke. Philipp Reclam jun., Stuttgart 1984, Bd. 3, S. 502.

und Sterne als Taler) und versuchen die Inszenierung, wobei einige Kinder für die Technik und Hintergrundmusik zuständig sind.

Nach mehreren Versuchen der Spielgruppen dient ein besonders gut gelungenes Schattenspiel als Abschluss und Ausklang der Märchenstunde.

3.5 Produktionsphase

Nach der Textbegegnung – evtl. auch ohne Reflexionsphase – mündet die freie Aussprache in das Planungsgespräch über die offenen Text-Umgangsarten während der Freiarbeit. (Gruppenthemen siehe Anhang in „Märchen in 3/4"!)
Die ersten Ergebnisse der freien Partner- oder Gruppenarbeit werden präsentiert und wohlwollend gewürdigt.

4. Zur Weiterführung

- Ausmalen und Ausfüllen des Arbeitsblattes
- Fortführen der ausgewählten Freiarbeiten
- Märchen-Stunde ansetzen („Schmökern" oder gegenseitiges Erzählen bzw. Vorlesen, Lese-Ecke) und Märchen-Quiz durchführen,
- Werke der „tätigen Nächstenliebe" planen und durchführen.

Tafelbild (zugleich Lösung für das Arbeitsblatt 1 für die 1. Klasse):

Die Sterntaler
(Brüder Grimm)

Stationen des Märchens:

1. Station: armes Mädchen
2. Station: in Feld (und Wald)
3. Station: armer Mann – Stückchen Brot
4. Station: armes Kind (ein Junge) – Mütze
5. Station: armes Kind – Leibchen
6. Station: armes Kind – Röcklein
7. Station: armes Kind – Hemdlein
8. Station: neues Hemdlein – Sterne als Taler

Der Sinn des Märchens:

Das gute Mädchen wird *belohnt*.

Tafelbild (zugleich Lösung für das Arbeitsblatt 2 für die 2. Klasse):

Die Sterntaler
(Brüder Grimm)

Stationen des Märchens:

1. Station: armes Mädchen, eine Waise
2. Station: in Feld (und Wald) hinaus
3. Station: armer Mann – Stückchen Brot
4. Station: armes Kind (ein Junge) – Mütze
5. Station: armes Kind – Leibchen
6. Station: armes Kind – Röcklein
7. Station: armes Kind – Hemdlein
8. Station: neues Hemdlein – Sterne als Taler

Merkmale des Märchens:

Anfang: *„Es war einmal…"*
Wunder: *Sterne werden Taler*
Schluss: *„… und war reich für sein Lebtag."*
Botschaft: Das gute Mädchen wird *belohnt*.

Lesen   Name: Klasse: am:

Die Sterntaler

(_____)

1. Male dich in das Bild hinein!
2. Schreibe nur Stichpunkte auf!

Die Stationen des Märchens:

1. Station:

2. Station:

3. Station:

4. Station:

5. Station:

6. Station:

7. Station:

8. Station:

Der Sinn des Märchens:

Das gute Mädchen wird _____ .

Lesen Name: ____ Klasse: ____ am: ____

Die Sterntaler

(_____)

1. Male dich in das Bild hinein!
2. Schreibe nur Stichpunkte auf!

Die Stationen des Märchens:

1. Station: ____
2. Station: ____
3. Station: ____
4. Station: ____
5. Station: ____
6. Station: ____
7. Station: ____
8. Station: ____

Merkmale des Märchens:

Anfang: ____

Wunder: ____

Schluss: ____

Botschaft: Das gute Mädchen wird ____ .

Lesen   Name: Klasse: am:

Märchen-Quiz

1. Erkennst du diese Figuren? Wie heißt das Märchen?
2. Schreibe den Titel des Märchens neben das Bild!

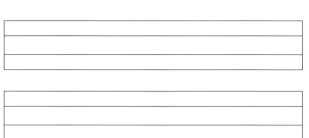

3. Hast du Lust, selbst so ein Märchen-Quiz herzustellen?
4. Wollt ihr euch ein Märchen vorlesen, erzählen oder vorspielen?
5. Gibt es in eurer Leseecke ein Märchenbuch?

Lesen   Name: Klasse: am:

Märchen-Quiz

1. Erkennst du diese Figuren? Wie heißt das Märchen?
2. Schreibe den Titel des Märchens unter das Bild!

3. Hast du Lust, selbst so ein Märchen-Quiz (mit Märchenpersonen und auch mit Märchentieren) herzustellen?
4. Wollt ihr euch ein Märchen vorlesen, erzählen oder vorspielen?
5. Gibt es in eurer Schulbücherei auch Märchensammlungen?

Lesen   Name: Klasse: am:

Märchen-Quiz: „Märchen-Zitate"

1. Erkennst du diese Zitate? Schreibe auf, aus welchen Märchen sie stammen!

„Knusper, knusper, knäuschen,
wer knuspert an meinem Häuschen?"

1 _____

Wie er nun in das Schloss kam, küsste er die schlafende Prinzessin und alles erwachte von dem Schlaf. Die zwei heirateten sich, und wenn sie nicht gestorben sind, so leben sie noch heute.

2 _____

„Großmutter, was hast du für große Ohren?"
„Damit ich dich besser hören kann!"
„Großmutter, was hast du für große Augen?"
„Damit ich dich besser sehen kann!"
„Großmutter, was hast du für große Hände?"
„Damit ich dich besser fassen kann!"
„Großmutter, was hast du für einen großen Mund?"
„Damit ich dich besser fressen kann!"

3 _____

Sie ziehen und ziehen – schwupp! ist die Rübe heraus und das Märchen ist aus.

4 _____

Ein Räuber kommt wieder zurück.
Aber der Esel,
der Hund
die Katze
und der Hahn
machen wieder Musik.

5 _____

Das Mädchen brachte den Topf seiner Mutter heim und nun waren sie ihrer Armut und ihres Hungers ledig und aßen süßen Brei, so oft sie wollten.

6 _____

Kommt, wir wollen uns begeben
Jetzo ins _____
Seht, da ist ein lustig Leben
Und das Trauern unbekannt!
Seht, da lässt sich billig leben
Und umsonst recht lustig sein!
Milch und Honig fließt in Bächen,
Aus den Felsen quillt der Wein.

7 _____

2. Hast du Lust, selbst so ein Märchen-Quiz herzustellen?
3. Wollt ihr euch das eine oder andere Märchen vorlesen, erzählen oder vorspielen?
4. Oder wollt ihr in der Leseecke in einem Märchenbuch lesen?

Der heilige Martin

Martin ritt zu einer Stadt und wollte gerade in das Stadttor einbiegen – da sah er vor dem Tor einen Bettler sitzen. Der hatte nur Lumpenfetzen am Leibe und fror und hungerte.

Martin mochte nicht mit ansehen, wie der arme Mann vor Kälte zitterte. Darum zog er das Schwert, nahm seinen roten Soldatenmantel und schnitt ihn mitten entzwei. Die eine Hälfte reichte er dem Bettler, die andere wickelte er sich um die Schultern.

Ehe der Mann Dankeschön sagen konnte, war Martin schon weggeritten.

Volksgut

Volksgut: Der heilige Martin

1. Zur Sachanalyse

Kurzinformation:
St. Martin lebte und wirkte im 4. Jahrhundert. Er war einer der ersten Heiligen, die mit offiziellem kirchlichem Kult gefeiert wurden. Er wurde bald der Nationalheilige des Frankenreiches. Unzählige Legenden umgaben ihn. Er soll in Sabaria (Pannonien) geboren sein. Schon früh trat er in die römische Armee ein und diente unter Constantinus, später unter Kaiser Julianus. Vor Amiens soll die Mantelteilung stattgefunden haben. Martin wurde mit 18 Jahren Christ, verließ die Armee und lebte als Einsiedler. Er gründete das erste Kloster Galliens und wurde zum Bischof geweiht.
Der bekannteste Brauch ist der Martinszug, an dem Kinder und Eltern mit Laternen durch die Straßen ziehen und Martinslieder singen.

2. Zur didaktischen Analyse

Im Mittelpunkt der Unterrichtsstunde steht die Lehrererzählung, da die Kinder der 1. Klasse zur Zeit des Festes des hl. Martin (11. November) kaum schon einen Text selbstständig erlesen können.
Auch wenn viele Kinder bereits die Legende von der Mantelteilung kennen, hören sie die Geschichte immer wieder gerne. Martin kann für die Kinder eine Vorbildfunktion haben. So wie er kurz entschlossen den Mantel teilte und so dem Bettler half, können Kinder dieses Verhalten auf ihr eigenes übertragen. Sie lernen auch ein altes Brauchtum und dessen Ursprung kennen. Wichtig: Absprache mit der Religionslehrkraft, um Wiederholungen zu vermeiden!

Lernziele: Die Kinder sollen

1. die Legende von der Mantelteilung des Heiligen kennen lernen (bzw. wieder neu hören),
2. Martin als Vorbild annehmen können,
3. im Spiel und Lied die Legende nacherleben,
4. zu Bildern mit Hilfe von Ganzwörtern erzählen,
5. Bildern Ganzwörter zuordnen.

3. Zur Verlaufsplanung

3.1 Einstieg

Stummer Impuls: Bild 4: Die Kinder berichten von Umzügen (evtl. Singen des Liedes „Ich geh mit meiner Laterne …").[1]
L-Hinweis auf das Fest des hl. Martin.
Zielangabe: Martin (Tafelanschrift).

3.2 Textbegegnung

Im Sitzkreis erzählt die Lehrkraft die Legende vom hl. Martin (siehe Anlage 1). Die Kinder äußern sich spontan dazu.

3.3 Texterschließung

Inhalt

Bild 1, 2 und 3 werden nacheinander an die Tafel geheftet. Die Kinder geben den Inhalt wieder. Ganzwörter werden dabei angeschrieben. Einzelne Kinder können dann die Legende mit Hilfe der Ganzwörter im Zusammenhang erzählen.
Bild 1: Martin, Soldat   Bild 2: Bettler, Tor
Bild 3: Martin, Mantel   Bild 4: Kinder, Martinszug.
Schlusssatz: Der heilige Martin ist gut.

Gestaltung

Das bekannte Martinslied (Anlage 2) wird gemeinsam gesungen und von zwei Kindern szenisch dargestellt (evtl. Requisiten verwenden: Tuch (zwei Teile mit Klettverschluss, Plastikschwert …).[2]

Gehalt

L-Impuls: Noch heute denken wir an Martin und halten Martinszüge ab. Das hat einen Grund! Die Kinder erkennen: Martin ist gut. Er teilt. Er hat Mitleid mit dem Bettler und schenkt ihm die Hälfte seines Mantels.
L-Impuls: Ihr könnt auch ein kleiner Martin sein!
Die Kinder suchen Beispiele für Teilen aus ihrem Erfahrungsbereich.

3.4 Sicherung

Die Kinder formulieren kurze Sätze zu den Bildern. Differenzierung: Eintrag auf ihrem Arbeitsblatt. Sie malen die Bilder aus (siehe Kopiervorlage).

3.5 Abschluss

Im Sitzkreis bietet die Lehrkraft „Martinswecken" (Brötchen) an (weniger als die Anzahl der Kinder). Gemeinsam wird geteilt und miteinander gegessen. „Wir teilen so wie Martin."
Evtl. nochmaliges Singen des Liedes zum Ausklang.

4. Zur Weiterführung

– Ausfüllen der Kopiervorlage (S. 38; Zeichnungen: Peter Högler); Herstellen der Wortkarten
– Einüben des Martinsspiels (mit Umzug und Lied): Vorleser, Spieler (Martin, Bettler, Soldaten, Sänger)
– Teilnahme am öffentlichen Martinszug; Aufführung des Martinsspiels
– Drucken der neuen Ganzwörter in der Schuldruckerei; Lesetraining (mit Ganzwörtern und Text)

Anlage 1: Erzählvorlage

Vor viel mehr als tausend Jahren wurde Martin geboren. Sein Vater wollte, dass Martin später einmal Soldat werden sollte, weil er selber ein hoher Offizier war und viele Soldaten unter sich hatte. Er nahm deshalb Martin oft mit zu den Soldaten und

---
[1] Aus: Oswald Watzke (Hrsg.): Gedichte in Stundenbildern, 1. Jahrgangsstufe. 3. Aufl. Auer, Donauwörth 1999, S. 25.
[2] Je nach Stand der musikalischen Erziehung der Klasse kann das Lied „Sankt Martin" (siehe Anlage 2); evtl. für die 2. Klasse oder das Kinderlied „Laterne, Laterne" (siehe Kopiervorlage) eingesetzt werden.

zeigte ihm die Schwerter und Fahnen und die Pferde seiner Soldaten. Als Martin ungefähr 15 Jahre alt war, bekam er den Soldatenmantel, ein Pferd und ein Schwert.

Eines Tages bekam Martin vom Kaiser den Befehl, nach Frankreich zu reisen. Martin ritt los und kam an eine große Stadt mit Namen Amiens. Gerade wollte Martin in das Stadttor einbiegen, da sah er vor dem Tor einen Bettler sitzen. Der hatte nur Lumpen und Kleiderfetzen an. Der Bettler fror sehr und hatte großen Hunger. Martin tat der arme Mann Leid, deshalb überlegte er nicht lange. Er nahm sein Schwert und schnitt seinen schönen roten Mantel mitten entzwei. Die eine Hälfte legte er dem Bettler um die Schultern, die andere Hälfte wickelte er sich selbst um. Der Bettler wollte Martin danken. Er war so froh über das warme Mantelteil! Aber ehe er danken konnte, war Martin schon weggeritten.

Anlage 2: Lied

Aus dem Rheinland

1. Sankt Martin, Sankt Martin, Sankt Martin ritt durch Schnee und Wind, sein Ross, das trug ihn fort geschwind. Sankt Martin ritt mit leichtem Mut, sein Mantel deckt ihn warm und gut.

2. I: Im Schnee saß, :I im Schnee, da saß ein armer Mann,
   hatt Kleider nicht, hatt Lumpen an.
   „O helft mir doch in meiner Not,
   sonst ist der bittre Frost mein Tod!"

3. I: Sankt Martin, :I Sankt Martin zieht die Zügel an,
   das Ross steht still beim armen Mann.
   Sankt Martin mit dem Schwerte teilt
   den warmen Mantel unverweilt.

4. I: Sankt Martin, :I Sankt Marin gibt den halben still,
   der Bettler rasch ihm danken will.
   Sankt Martin aber ritt in Eil
   hinweg mit seinem Mantelteil.

Tafelbild:

Lesespiel mit Ganzwörtern

1. Schneidet diese Wörter aus!
2. Klebt sie auf Karton-Papier!
3. Legt diese Wortkarten in die richte Reihenfolge der Legende!
4. Legt euch diese Wortkarten gegenseitig zur Leseübung vor!

Martin	Soldat	Mantel
Bettler	Stadt	Tor
Kälte	Schwert	Dankeschön

5. Lege diese Wörter zu einem Satz!

| Martin | Der | gut. | ist | heilige |

Lesen Name: Klasse: am:

Vom heiligen Martin

Ich geh mit meiner Laterne

Ich geh mit meiner La-ter-ne und meine Laterne mit mir.
Da oben leuchten die Sterne und unten, da leuchten wir.
Mein Licht ist aus, ich geh nach Haus; ra-bim-mel, ra-bam-mel, ra-bumm.

Bischof Nikolaus

Vor vielen hundert Jahren lebte weit weg von hier Bischof Nikolaus.
Er war sehr fromm und half den Armen, wo er nur konnte.

Einmal kam eine große Hungersnot ins Land.
Da liefen die Leute zu ihm und sagten:
5 **„Bischof Nikolaus, hilf uns! Wir müssen sonst verhungern!"**
Nikolaus sprach: **„Habt nur Mut und betet zu Gott! Er wird uns helfen!"**
Sie beteten alle: **„Lieber Gott, hilf uns!"**

Da kam plötzlich ein Schiff in den Hafen der Stadt.
Es war voll mit Getreide beladen.
10 Die Menschen liefen voll Hoffnung ans Schiff und bettelten:
„Gebt uns Getreide, damit wir Brot backen können!"
Sie bekamen aber nichts, nicht einmal ein Körnlein.

Da ging Bischof Nikolaus zu den Schiffsleuten und sprach:
„Gebt uns um Gottes willen etwas Getreide!
15 **Gott wird es machen, dass euch nichts fehlen wird.**
Glaubt mir!"

Die Schiffsleute glaubten den Worten des Bischofs.
Sie gaben den Leuten Getreide.
Diese konnten nun Brot backen und wieder Getreide ansäen.

20 Da dankten sie alle zusammen mit dem Bischof Nikolaus dem lieben Gott,
weil er ihnen aus der großen Hungersnot geholfen hatte.

Das Schiff aber fuhr weiter und wirklich:
In den Säcken fehlte kein einziges Körnlein Getreide,
so wie es der Bischof Nikolaus vorhergesagt hatte.

Volksgut

Volksgut: Bischof Nikolaus

1. Zur Sachanalyse

Im Mai 1987 feierte die süditalienische Stadt Bari das neunhundertjährige Jubiläum der Überführung der Reliquien des hl. Nikolaus von Myra an der Südküste der heutigen Türkei nach Apulien in Italien. Die Überführung war in Wirklichkeit ein Raubzug, da die Menschen der damaligen Zeit in ihren Nöten darauf versessen waren, die Reliquien eines solchen tatkräftigen Heiligen bei sich in der Stadt zu haben.[1]

Zur Person: „Der Heilige ist historisch nicht verifizierbar, aber historisch sind alle diese Zeugnisse der Liebe und Verehrung des Heiligen, die es ab dem 5./6. Jh. gibt und die den Triumphzug des hl. Nikolaus durch die Frömmigkeitsgeschichte bis heute begleiten."[2]

Zur Legende: Die christliche Legende (lat. ‚legenda' = das zu Lesende) wurde in der vorreformatorischen Zeit im Anschluss an den Gottesdienst oder während der Klostermahlzeit vorgelesen. Sie will weniger als historisches Dokument denn als eine an den Glauben gebundene, gleichnishafte Erzählung verstanden werden. Für die strenge Heiligenlegende sind zwei Kennzeichen entscheidend: „die gute Tat" und „das Wunder".[3]

– Die *„gute Tat"* als reine Verwirklichung der Tugend der Nächstenliebe kommt bei der vorliegenden Fassung dadurch zum Ausdruck, dass sich der tief gläubige Bischof Nikolaus selbstlos für seine in Not geratenen Mitbürger bei den raubeinigen Schiffsgesellen dafür einsetzt, von ihrem Getreide abzugeben.

– Das *„Wunder"* als ein Mittel, den guten Taten des Heiligen das göttliche Siegel aufzudrücken[4], äußert sich darin, dass zur rechten Zeit ein voll mit Getreide beladenes Schiff in den Hafen der Stadt einläuft und die Worte des Bischofs in Erfüllung gehen, dass kein Körnlein Getreide in den Säcken fehlen wird.

Das eigentliche Anliegen der Legende ist es, den gläubigen Menschen zur Nachfolge und Nachahmung (*„imitatio"*) aufzurufen.

2. Zur didaktischen Analyse

Die vorliegende Nikolauslegende ist eine typische Heiligenlegende. Folglich kommt es in entscheidener Weise darauf an, *„die gute Tat", „das Wunder"* und die *„imitatio"* deutlich zum Ausdruck zu bringen.

Da die Legende, wie oben bereits festgestellt, zur Nachahmung und Nachfolge aufrufen will, werden die Kinder in der *Anwendungsphase* angeregt, ein konkretes Beispiel ihrer guten Tat auf dem Arbeitsblatt darzustellen.

Lernziele: Die Kinder sollen

1. den Bischof Nikolaus als einen Menschen kennen lernen, der im gläubigen Vertrauen auf Gott sich in vorbildlicher Weise für die Not seiner Mitmenschen eingesetzt hat („gute Tat") und von Gott dafür belohnt wurde („Getreidewunder"),
2. angeregt werden, „die gute Tat" auf ihre kindgemäße Art und Weise zum Ausdruck zu bringen,
3. die Legende mit verteilten Rollen angemessen klanggestaltend lesen und evtl. auch szenisch darstellen können.

3. Zur Verlaufsplanung

3.1 Hinführung

Einstimmendes Lied: „Lasst uns froh und munter sein …"; beim Refrain („Lustig, lustig …") können die Kinder mitklatschen.
Aussprache: Die Kinder berichten von ihren Erfahrungen und Erlebnissen mit dem Nikolaus.
L-Frage: „Wer weiß denn, warum alle Jahre ein Nikolaus die Kinder besucht und ihnen Geschenke bringt?"
Berichte der Kinder. (Das dazu erforderliche Vorwissen ist vom Kindergarten her sicherlich bekannt!)
Zielangabe: Ankündigung des Themas: „Wir erfahren jetzt die genaue Antwort, warum Nikolaus alle Jahre die Kinder beschenkt!"

3.2 Begegnung mit dem Text

Die Kinder werden zum Sitzkreis versammelt (Atmosphäre!) und hören die Legende in Form einer eindrucksvoll und frei vorgetragenen Lehrererzählung.

3.3 Erschließung des Inhalts und Gehalts

Die Kinder erhalten das Textblatt. Anhand der Illustration wird der Inhalt wiederholt und besprochen und der Gehalt („die gute Tat" und „das Wunder") herausgearbeitet. Mögliche Erkenntnis: Im gläubigen Vertrauen auf Gottes Hilfe gelingt es dem Bischof Nikolaus, die Hungersnot zu beenden. (Vgl. TA-„Merksatz"!)

3.4 Emotionale Erschließung

Zur Vertiefung der Erkenntnis kann die bekannte Strophe des Nikolausliedes „Lasst uns froh und munter sein …" gesungen werden: „Niklaus ist ein guter Mann, dem man nicht g'nug danken kann." Um den Kindern deutlich werden zu lassen, dass die Not letztlich nicht durch den Bischof, sondern durch das Eingreifen Gottes endet, kann eine weitere Strophe mit folgendem Text gesungen werden:
„Alle beten zum lieben Gott, da beendet er die Hungersnot."

3.5 Anwendung und Sicherung

Rückführung zur Ausgangsfrage und Beantwortung, warum alljährlich Nikolaus gefeiert wird.
Bearbeitung des Arbeitsblattes: Ergänzen der Lückentexte; Malen einer Situation, in der die Kinder eine „gute Tat" vollbringen.

3.6 Erschließung der Klanggestalt
   (2. Stunde in einer Klasse)

Um die Legende mit verteilten Rollen erfolgreich vorlesen zu können, sollte sie erst lesetechnisch aufgearbeitet werden:
– „Blitzlesen", d. h. kurzes Zeigen von schwierigen Wörtern und Wortgruppen entweder als Wortkarten oder Folientext, z. B.: Bischof Nikolaus; vor vielen hundert Jahren; große Hungersnot; hilf uns; habt Mut; betet zu Gott usw.
– Einüben des Rollentextes, der zur Leseerleichterung durch den Fettdruck hervorgehoben ist: Die Lehrkraft und/oder gute Leser übernehmen die Rolle des Erzählers und des Bischofs Nikolaus; die Klasse liest den Part der Leute.
– Vortrag der Legende im Zusammenhang.

---

1 Lehrerbegleitheft zu Klett-Lesebuch 3. Stuttgart 1967, vgl. S. 38 f.
2 ebd.
3 Günter Lange. In: Katechetische Blätter 1990, S. 794/795.
4 ebd.

3.7 Ausklang

Nochmaliges Singen der beiden Nikolausstrophen:
- „Niklaus ist ein guter Mann …" und
- „Alle beten zum lieben Gott …"

4. Zur Weiterführung

- Die Kinder malen auf dem Arbeitsblatt die vorgegebene Illustration aus und stellen ihre Werke im Klassenzimmer oder in der Schule aus.
  Es werden zwei Kopiervorlagen angeboten, getrennt für die 1. (nur obere Hälfte) und 2. Klasse.
- Weitere Arbeit am Rollenlesen und evtl. am Lesespiel
- Malen von „Nikolausbildern" für den Wandschmuck im Klassenzimmer
- freie Arbeit in der Schuldruckerei: Nikolausbrief herstellen
- Lektüreempfehlung: Doris Jannausch: Leselöwen Nikolausgeschichten. Bindlach: Loewe 1985 (Leseecke, Schulbücherei).
- Nikolauslied[5] einstudieren und evtl. aufführen (auch in der 2. Klasse).

---

[5] Aus: Unser Liederbuch für die Grundschule. Klett, Stuttgart o. J. (Volksgut aus dem Hunsrück)

Tafelbild:

Bischof Nikolaus

Die Menschen beten zu *Gott*.
Da schickt Gott Schiffe mit Getreide.
Die *Hungersnot* ist vorbei.

„Alle beten zum lieben Gott.
Da beendet er die Hungersnot.
Lustig, lustig, tralalalala…"

Ich kann anderen auch helfen, die in Not sind. Male!

Der heilige Nikolaus kann uns *Vorbild* sein.
Auch wir *helfen* Menschen in der *Not*.

Lesen Name: Klasse: am:

Bischof Nikolaus

Die Menschen beten zu _____

Da schickt Gott Schiffe mit Getreide.

Die _____ ist vorbei.

„Alle beten zum lieben Gott.
Da beendet er die Hungersnot.
Lustig, lustig, tralalalala …"

Ich kann anderen auch helfen, die in Not sind. Male!

Der heilige Nikolaus kann uns _____ sein.

Auch wir _____ Menschen in der _____ .

Lasst uns froh und munter sein

Aus dem Hunsrück

Lasst uns froh und mun-ter sein und uns in dem Her-ren freun! Lus-tig, lus-tig, tra-le-ra-le-ra, bald ist Ni-ko-laus - a-bend da, bald ist Ni-ko-laus - a-bend da!

2. Dann stell ich den Teller auf,
   Nikolaus legt gewiss was drauf!
   Lustig, lustig, traleralera,
   I: bald ist Nikolausabend da! :I

3. Wenn ich schlaf, dann träume ich:
   Jetzt bringt Nikolaus was für mich!
   Lustig, lustig, traleralera,
   I: heut ist Nikolausabend da! :I

4. Wenn ich aufgestanden bin,
   lauf ich schnell zum Teller hin.
   Lustig, lustig, traleralera,
   I: nun war Nikolausabend da! :I

5. Nikolaus ist ein guter Mann,
   dem man nicht g'nug danken kann.
   Lustig, lustig, traleralera,
   I: nun war Nikolausabend da! :I

Hinweise für die Freiarbeit:

1. Malt (leicht) den Namen des Heiligen rot aus!
2. Malt (leicht) die Zeit, in der beschenkt wird, gelb aus!
3. Malt (leicht) das häufigste Eigenschaftswort grün aus!
4. Stellt von diesen drei wichtigsten Wörtern Wort-Karten oder Wort-Plakate her!
5. Übt damit das Lesen:

| Nikolaus | Nikolaus-Abend | lustig |

6. Lernt dieses Nikolaus-Lied auswendig!
7. Füllt diesen Lücken-Text aus:

Der heilige Nikolaus kann uns _____ sein.

Auch wir _____ Menschen in der _____ .

Die heilige Elisabeth

Die Landgräfin Elisabeth lebte vor langer, langer Zeit auf der Wartburg in Thüringen. Sie kümmerte sich sehr um die Not der armen Bauern. Sie ging oft von der Burg mit einem Korb voller Nahrungsmittel heimlich in das Dorf hinunter und brachte den Armen zu essen. Ihr Mann, der Landgraf Ludwig, wollte das aber nicht.

Als sie wieder einmal mit einem Korb voller Speisen unterwegs war, kam der Landgraf Ludwig daher und fragte sie:

„Was habt Ihr in Eurem Korb?" Elisabeth erschrak und stammelte: **„Rosen, mein Herr!"**

Zornig riss der Landgraf das Tuch vom Korb. Und was sah er? Der Korb war wirklich voller herrlicher Rosen.

Von da an ließ der Landgraf es zu, dass die Landgräfin Elisabeth den Armen half.

Volksgut

Volksgut: Die heilige Elisabeth

1. Zur Sachanalyse

Elisabeth wurde 1207 als Tochter des Ungarnkönigs Andreas II. auf der Burg Saros-Patak geboren. Mit vier Jahren wurde sie mit dem elfjährigen Sohn des Landgrafen von Thüringen, Ludwig, verlobt und kam zur gemeinsamen Erziehung auf die Wartburg bei Eisenach in Thüringen. Im Laufe der Jahre erkannte sie, dass der Luxus und die Verschwendungssucht auf der Burg und die Armut und Not, die beim einfachen Volke herrschten, im krassen Gegensatz zu den Grundgeboten Gottes standen. Sie erregte Anstoß, als sie nicht mehr tatenlos dem Elend der Dorfbewohner zuschaute. Nur Ludwig, der Landgraf, den sie mit 15 Jahren heiratete, hielt zu ihr. Er ließ seine fromme Gemahlin gewähren, den Armen und Kranken beizustehen. Auf ihren Einfluss hin schloss er sich 1227 dem Kreuzzug Friedrich II. an, auf dem er wenige Monate später ums Leben kam. Nun triumphierten ihre Feinde. Der jüngere Bruder Ludwigs, Heinrich, entzog ihr die Witwengüter. Sie musste mit ihren vier Kindern die Burg verlassen. Als ihre Verwandtschaft einen Teil ihrer Güter zurückgewonnen hatte, gründete sie 1228/29 in Marburg das Franziskus-Hospital und verausgabte sich im Dienst am Nächsten so sehr, dass sie im Alter von 24 Jahren 1231 verstarb. Schon vier Jahre nach ihrem Tod wurde sie heilig gesprochen.[1]

2. Zur didaktischen Analyse

Die Wiedervereinigung Deutschlands ist aktueller und willkommener Anlass zugleich, sich mit dem herausragenden Leben und Wirken der gesamtdeutschen Heiligen, die „mit Recht als eine der größten deutschen Heiligen verehrt" wird, zu befassen. Die Rosenlegende ist sicherlich die bekannteste Legende, in der „der guten Tat" Elisabeths durch „das Wunder" der Verwandlung von Brot in Rosen „das göttliche Siegel" aufgedrückt wurde. Dem Verfasser der Legende als einer „an den Glauben gebundenen, gleichnishaften Erzählung" geht es vor allem darum, zur „Nachahmung" aufzurufen und anzuregen. Somit ist die Lektüre der Rosenlegende von großer pädagogischer Bedeutung.[2]

Lernziele: Die Kinder sollen

1. die Rosenlegende kennen lernen,
2. den Text still nachlesen, mit verteilten Rollen laut vortragen und nachspielen,
3. erkennen, dass Gott „von oben" eingreift, d. h. Elisabeth vor ihrem Gemahl durch das Rosenwunder unterstützt und ihn umstimmt, dass sich Elisabeth weiterhin der Not der Armen annehmen kann,
4. angeregt werden, sich der Not der Mitmenschen auf ihre Art und Weise anzunehmen.

3. Zur Verlaufsplanung

3.1 Hinführung

Gemeinsame Betrachtung der Illustration auf dem Textblatt; Aussprache über die Darstellung: Der Landgraf Ludwig erwischt seine Gemahlin Elisabeth beim Gang ins Dorf und hat das Tuch vom Korb gezogen, in dem anstelle der erwarteten Nahrungsmittel wirklich Rosen sind! Überleitung zum Text mit dem Ziel des Aufbaus einer Leseerwartung beim Schüler: Nachdem die Kinder ihre Vermutungen zu den Rosen im Korb geäußert haben (evtl. ein Rollengespräch zwischen dem Landgrafen und der Landgräfin durchführen lassen), erfolgt die ZA mit der Ankündigung, die Antwort in der Erzählung zu erfahren.

3.2 Begegnung mit dem Text

Vortrag der Legende mit Zäsur nach „Elisabeth erschrak und stammelte"; nach den Vermutungen der Kinder zur möglichen Antwort Elisabeths erfolgen die Begegnung mit dem Schluss der Legende (Vortrag oder stilles Erlesen durch die Kinder mit Differenzierung!) und die spontane Aussprache der Kinder.

3.3 Textdurchdringung

1. Teilziel: Erschließung des Erlebnisgehalts und der Klanggestalt.
Die Kinder lesen den Text erst still durch (Differenzierung bedenken: schwache Leser mit der Lehrkraft), dann laut vor (lesen mit verteilten Rollen) mit dem motivierenden Leseauftrag, die Begebenheit nachspielen zu dürfen (Korb mit „Rosen" bereithalten!).
2. Teilziel: Erschließung des Gehalts.
Der Impuls „Da haben der Landgraf und die Landgräfin eine unglaubliche Überraschung erlebt" führt zu der zu erarbeitenden Erkenntnis, dass wohl Gott dafür gesorgt hat, dass Elisabeth, die den Armen so viel Gutes getan hatte, sich nicht vor ihrem Mann schämen musste, weil sie ihnen trotz seines Verbotes wieder einmal helfen wollte. Auch der Landgraf sah aufgrund des Fingerzeiges „von oben" (vgl. die Ausführungen unter Ziffer 2 „Zur didaktischen Analyse"!) ein, dass er gegenüber seiner Frau nicht richtig gehandelt hatte: „Von da an ließ der Landgraf es zu, dass die Landgräfin Elisabeth den Armen half."

3.4 Anwendung

Bild eines Hilfsbedürftigen; Aussprache mit der Erkenntnis: Auch heute gibt es Not Leidende, die auf unsere Hilfe angewiesen sind. Ansprache von Beispielen konkreter Hilfen.

3.5 Sicherung

Die Kinder bearbeiten das Arbeitsblatt.

3.6 Ausklang

Lesen und Reflexion des Textes der 3. Strophe des „Elisabeth-Liedes" (vorbereitete TA bzw. vorbereiteter Folientext mit der 3. Strophe des „Elisabeth-Liedes"):

---

[1] Melchers: Das große Buch der Heiligen. München 1978, vgl. S. 750, 752.
[2] U. Schiebel/H. H. Plickat, Lehrerbegleitheft zu Lesebuch 3. Stuttgart 1967, vgl. S. 36 f., 39 f.

„Von Gott bist du so hoch geehrt,
Elisabeth, uns treu und wert!
Dein Beispiel gibt uns Trost und Kraft,
zu stehn in Christi Jüngerschaft."

4. Zur Weiterführung

– Einüben der 3. Strophe des Elisabeth-Liedes (Melodie im „Gotteslob" Nr. 608);
– Collage: Wie wir helfen können oder „Rosenwunder" der hl. Elisabeth;
– Dramatisierung des Textes: Lesespiel mit verteilten Rollen.

Anlage:

Das Elisabeth-Lied

Elisabeth, in unsrer Zeit
lehr du uns die Barmherzigkeit,
dass wir im Armen Christus sehn
und so dem Herrn entgegengehn!

Refrain:
Hilf uns in dieser Erdenzeit,
Elisabeth, gib uns Geleit
bis hin zu Gottes Herrlichkeit!

Die Liebe Christi war die Macht,
durch die dein Werk du hast vollbracht.
Erbitt uns Gottes große Gnad,
dass lieben wir in Wort und Tat!

Refrain:
Hilf uns …

Von Gott bist du so hoch geehrt,
Elisabeth, uns treu und wert!
Dein Beispiel gibt uns Trost und Kraft,
zu stehn in Christi Jüngerschaft.

Refrain:
Hilf uns …

Tafelbild:

Das Rosenwunder

Die Landgräfin *half* den Armen.
Sie gab ihnen *zu essen*.
Auch ich kann Menschen in Not *helfen*.

Elisabeth-Lied

„Von Gott bist du so hoch geehrt,
Elisabeth, uns treu und wert!
Dein Beispiel gibt uns Trost und Kraft,
zu stehn in Christi Jüngerschaft."

Lesen   Name: Klasse: am:

Das Rosenwunder

1. Du darfst das Bild mit Farben ausmalen.
2. Male das Bild weiter!

3. Singt das Lied!

Heilige Elisabeth

Text: nach Friedrich Spee (1623), Melodie: Innsbruck (1588)

Von Gott bist du so hoch ge-ehrt,   Dein Bei-spiel gibt uns Trost und Kraft,
E - li - sa-beth, uns treu und wert!   zu stehn in Chris-ti Jün - ger-schaft.

Hilf uns in die-ser Er-den-zeit,   E - li- sa-beth, gib uns Ge-leit   bis hin zu Got-tes Herr-lich-keit!

4. Fülle die Lücken in diesem Text:

Die Landgräfin Elisabeth von Thüringen _____

den Armen.

Sie gab ihnen _____ .

Auch ich kann Menschen in Not _____ .

Das Muttergottesgläschen

Es hatte einmal ein Fuhrmann seinen Karren,
der mit Wein schwer beladen war,
festgefahren,
sodass er ihn trotz aller Mühe
5 nicht wieder losbringen konnte.
Nun kam gerade die Mutter Gottes des Weges daher,
und als sie die Not des armen Mannes sah,
sprach sie zu ihm:
„Ich bin müde und durstig,
10 gib mir ein Glas Wein,
und ich will dir deinen Wagen frei machen."
„Gerne", antwortete der Fuhrmann,
„aber ich habe kein Glas,
worin ich dir den Wein geben könnte."
15 Da brach die Mutter Gottes ein weißes Blümchen mit roten Streifen ab,
das Feldwinde heißt
und einem Glas sehr ähnlich sieht,
und reichte es dem Fuhrmann.
Er füllte es mit Wein,
20 und die Mutter Gottes trank ihn,
und in dem Augenblick ward der Wagen frei,
und der Fuhrmann konnte weiterfahren.
Das Blümchen heißt heute noch immer Muttergottesgläschen.

Volksgut

Volksgut: Das Muttergottesgläschen

1. Zur Sachanalyse

Dieser Text[1] ist sowohl eine Marienlegende als auch eine Blumenlegende, weil
a) die legendarische Gestalt Maria die Mutter Gottes ist,
b) der Name einer Blume erklärt wird.

Da diese Legende starke märchenhafte Züge aufweist (Anfangsformel „Es hatte einmal"; Schlussformel „heute noch"; wunderbares Geschehen „ward im Augenblick frei"; Belohnung des Guten), könnte sie als „Legendenmärchen" klassifiziert werden. Der Handlungsablauf ist klar, ebenso der Sprachstil, der auf ausschmückende Beifügungen verzichtet. In zwei Sätzen wird die Wechselrede der handelnden Personen mitgeteilt. Ort und Zeit bleiben unbestimmt wie im Märchen. Der legendarische Gegenstand, die kelchförmige Blüte der Feldwinde, wird knapp beschrieben, ebenso die legendarische Handlung, die Befreiung des Wagens, auf einer ersten sichtbaren Ebene und die volkstümliche Namengebung der Feldwinde als Muttergottesgläschen auf einer zweiten unsichtbaren Ebene. Die Legende ist eine fromme Erklärung der eigentümlichen Gestalt der Blüte der Feldwinde. „Im Durchbrechen der Naturgesetzlichkeit offenbart sich das Wunder, in der Namengebung und Weitererzählung die fromme Gesinnung der legendarischen Imitatio."[2]

2. Zur didaktischen Analyse

Das tiefere Verstehen dieses Legendenmärchens setzt letztlich den Glauben an die Allmacht Gottes voraus, der selbst oder durch seine Heiligen Wunder wirken kann. Kindern, die diese Voraussetzung nicht mitbringen, die diese Legende eher als „Lügengeschichte" bezeichnen wollen, sollte die religiöse Deutung nicht aufgezwungen, sondern die Erklärung angeboten werden, dass der Volksmund, um das Aussehen der Feldwindenblüte zu erklären, eine fromme Geschichte und fromme Namen („Muttergottesgläschen" oder „Marienkelch") erfunden hat.

Die Zweitklässler, die sich im Übergang von der fantastisch-emotionalen Phase zur realistisch-kritischen befinden, sollten nicht in „Frömmelei" und „Moralie" hineinmanövriert werden. Sie sollten jedoch den Text schon in der Weise würdigen, dass er davon – glaubwürdig – erzählt, dass die Mutter Gottes Menschen in der Not, die „guten Willens sind", helfen kann und helfen will.

Lernziele: Die Kinder sollen

1. eine Legende kennen und verstehen lernen,
2. erfahren, dass die Gottesmutter Maria Menschen in der Not helfen kann,
3. erkennen, dass der Volksmund „fromme Geschichten" erfindet, um etwas Auffälliges zu erklären,
4. die Legende sinn- und klanggestaltend lesen und szenisch darstellen können,
5. zum Lesen von Legenden und Märchen angeregt werden, um dieses literarische Kulturgut bewahren zu helfen.

3. Zur Verlaufsplanung[3]

3.1 Hinführung

Motivation: Strauß von Feldwinden (ersatzweise Abbildungen); freies Gespräch über Aussehen, Namen …
Zielangabe: Wir lesen heute darüber eine „fromme Geschichte" …

3.2 Textbegegnung

Ausdrucksvolles Vorlesen durch die Lehrkraft; stilles Nachlesen (Kopiervorlage) durch die Kinder mit Hilfestellung bei den leseschwachen Kindern. Zur weiteren Differenzierung: Textmontage (S. 52 für die lesestarken Schülerinnen und Schüler – auch in einer 3. Klasse).

3.3 Texterschließung

1. Teilziel: freie Aussprache über Text und Illustration; Einbringen der Textmontage

2. Teilziel: Vorbereitung des Lesespiels und der szenischen Darstellung in Gruppen mit vier Mitgliedern („Regisseur", Erzähler, Fuhrmann, Gottesmutter)

3. Teilziel: Zeichnen der drei Hauptszenen (drei Gruppen nach Wahl)

4. Teilziel: Vorführung einiger Proben (mit Aussprache)

5. Teilziel: gelenktes Unterrichtsgespräch zur Erarbeitung des Tafelbildes

3.4 Textgestaltung

Abschließend Rollenlesen bzw. Lesespiel am ganzen Text (Ausklang).

4. Zur Weiterführung

– Ausmalen der Kopiervorlage bzw. neue Illustrierung (Textblatt)
– Eintrag des Tafelbildes (mit eigener Illustration wahlweise zur Kopiervorlage)
– Ausfüllen des Arbeitsblattes (Kopiervorlage)
– Ausführen und Besprechen der Textmontage (mit der ganzen Klasse)
– Legespiel zur Leseübung
– Vorlesen weiterer Marien- bzw. Blumenlegenden
– Hinweise auf Legendensammlungen in der Leseecke bzw. Schulbücherei
– Fächerübergreifender Unterricht im Fach Biologie/Heimat- und Sachkunde „Wiese"
– Kunstunterricht: Herstellen von Grußkarten, Trocknen und Aufkleben von Muttergottesgläschen oder getrocknete Muttergottesgläschen beim Papierschöpfen einarbeiten.

---

1 Aus: Brüder Grimm: Kinder- und Hausmärchen. München 1962 (Nacherzählung vom Verfasser).
2 Oswald Watzke: Umgang mit Texten in der Primarstufe, 3. Aufl. München 1979, S. 51.

---

3 Oswald Watzke, a. a. O., vgl. S. 52–58.

Tafelbild:

Wir erkennen:
1. Die Legende erklärt, warum die Feldwinde auch Muttergottesgläschen oder auch Marienkelch heißt.
2. Die Gottesmutter Maria kann Menschen *helfen*.

Legespiel:
Zuordnen von Wie-Wörtern und Tun-Wörtern: Wortkarten-Herstellung und Wortkarten-Legespiel

Wie-Wort	Tun-Wort
durstig	trinken
hungrig	essen
traurig	trösten
kalt	wärmen
heiß	kühlen
ängstlich	ermutigen
verärgert	beruhigen

Lesen   Name: Klasse: am:

Das Muttergottesgläschen
(Volksgut)

die Mutter Gottes,   der Fuhrmann,

ist durstig →   ← gibt zu trinken

dankt und wirkt   erfährt

Wir erkennen:

1. Die Legende erklärt, warum die Feldwinde auch Muttergottesgläschen oder auch Marienkelch heißt.
2. Die Gottesmutter Maria kann Menschen _____ .

Wir „montieren" eine Geschichte

Das Muttergottesgläschen

Nun kam gerade die Mutter Gottes des Weges daher,
und als sie die Not des armen Mannes sah,
sprach sie zu ihm:
„Ich bin müde und durstig,
gib mir ein Glas Wein,
und ich will dir deinen Wagen freimachen."

Er füllte es mit Wein,
und die Mutter Gottes trank ihn,
und in dem Augenblick ward der Wagen frei,
und der Fuhrmann konnte weiterfahren.

Es hatte einmal ein Fuhrmann seinen Karren,
der mit Wein schwer beladen war,
festgefahren,
sodass er ihn trotz aller Mühe
nicht wieder losbringen konnte.

Da brach die Mutter Gottes ein weißes Blümchen mit roten Streifen ab,
das Feldwinde heißt
und einem Glas sehr ähnlich sieht,
und reichte es dem Fuhrmann.

„Gerne", antwortete der Fuhrmann,
„aber ich habe kein Glas,
worin ich dir den Wein geben könnte."

Das Blümchen heißt heute noch immer Muttergottesgläschen.

Volksgut

---

1. Beim Lesen wirst du merken, dass diese Geschichte durcheinander geraten ist.
2. Schneide diese sieben Abschnitte aus und klebe sie in der richtigen Reihenfolge auf ein Blatt!
3. Vergleiche deine Lösung im Klassengespräch und mit dem Original!
4. Unterstreiche die zwei Personen mit zwei verschiedenen Farben!
5. Unterstreiche die Reden dieser zwei Personen mit denselben Farben!
6. Umrahme den Namen der Blume, um die es in dieser Geschichte geht!
7. Gefällt dir diese Geschichte? Sprecht darüber!
8. Wäre ein Lesespiel oder ein Personenspiel nicht schön?

Der heilige Franziskus predigte den Vögeln

Der heilige Franziskus wanderte einmal auf einem Wege bei Assisi. Da erblickte er viele, viele Vögel, die auf den Bäumen am Wege saßen. Sie schienen auf ihn zu warten. Da blieb er stehen und predigte zu ihnen:

5 „Meine Geschwister Vögel!
Gott hat euch lieb!
Gott schenkte euch ein buntes Federkleid,
Bäume zum Nisten,
den Bach und die Quelle zum Trinken!
10 Ihr säet nicht, ihr erntet nicht,
und trotzdem braucht ihr euch
um euer tägliches Brot nicht zu sorgen.
Seid dankbar und vergesst nie,
den Schöpfer zu loben."

15 Bevor er weiterwanderte, sprach er: „Lebt wohl, meine Vögel, ihr meine Brüder und Schwestern!" Danach segnete er die riesige Vogelschar. Und die Vögel spannten ihre Flügel aus, öffneten ihre Schnäbel und sangen eine wunderschöne Melodie zum Lobe Gottes.

Max Bolliger (Vogelpredigt)

Max Bolliger: Der heilige Franziskus predigte den Vögeln

1. Zur Sachanalyse

Diese Heiligenlegende, die zugleich auch als Tierlegende bezeichnet werden könnte, schildert eine der beliebtesten und ergreifendsten Episode aus dem Leben des heiligen Franziskus. Sie ist in drei Abschnitte gegliedert.
Im 1. Teil wird die Begegnung des Heiligen mit den Vögeln erzählt.
Der 2. Teil enthält die berühmte Vogelpredigt, die hier mit den Worten Max Bolligers wiedergegeben wird, wobei Vers 2 („Gott hat euch lieb") hinzugefügt wurde.[1]
Im 3. Teil segnet der Heilige die Vögel, die „eine wunderschöne Melodie zum Lobe Gottes" anstimmen.
Die Legendensprache wurde bewusst einfach gehalten, um die verehrungswürdige Legendengestalt nicht als verniedlichten, schwärmerischen Vogelprediger erscheinen zu lassen. Der Heilige soll natürlich, echt und wahr wirken in seiner Menschlichkeit, Güte, Liebe zu Mensch, Tier und Natur, zu Jesus und Gott, in seiner tiefen Religiosität, wie sie z. B. in seinem „Sonnengesang" in überzeugender Weise zum Ausdruck kommt.

Die gattungstypischen Merkmale der Legende lassen sich leicht feststellen:

1. **Die legendarische Gestalt:** Der historische Franziskus, der von 1181/82 bis 1226 lebte, widmete seine Gedanken und Werke, sein ganzes Leben, der Nachfolge Christi, wirkte ab 1209 als Wanderprediger, ab 1210 als Gründer der „franziskanischen Bruderschaften".
2. **Die legendarische Zeit:** Die Handlung spielt im frühen 13. Jahrhundert.
3. **Der legendarische Ort:** Bäume am Wegesrand, die freie Natur um Assisi, bilden den Schauplatz.
4. **Das legendarische Ereignis:** die Vogelpredigt: Franziskus predigt zu den Vögeln.
5. **Das legendarische Wunder:** Die Vögel warten auf den Wanderprediger, verstehen ihn und loben Gott mit ihrem Gesang.
6. **Die legendarische Botschaft:** Franziskus betrachtet auch die Vögel, die Tiere, als seine Brüder und Schwestern, als Geschöpfe Gottes. An anderer Stelle spricht er seine Berufung selbst aus[2]:
   „Es rufen mich die armen Menschen,
   es rufen mich die armen Tiere,
   es ruft mich Jesus vom Kreuz."
7. **Die legendarische Imitatio:** Nachahmung und Nachfolge des Heiligen, die hier nicht expressis verbis ausformuliert werden, wirken bei Leserinnen und Lesern – wie von selbst – in der Weise, dass diese für seine grenzenlose Liebe zu Natur, Mensch und Gott sensibilisiert werden.

---

1 Originaltext vom Herausgeber
   a) mit dem Zitat der Vogelpredigt aus: Max Bolliger: Euer Bruder Franz. Tatsachen und Geschichten aus dem Leben des Franz von Assisi. Ravensburger Tb. 896. Ravensburg 1984, S. 65 f. und
   b) mit der Übernahme der Idee „wunderschöne Melodie zum Lobe Gottes" aus: Willi Fährmann/Annegret Fuchshuber: Franz und das Rotkehlchen. Echter; Würzburg und St. Gabriel, Wien 1989.
2 Lene Mayer-Skumanz: Geschichten vom Bruder Franz. St. Gabriel, Mödling bei Wien: 1981 (Kath. Kinderbuchpreis).

2. Zur didaktischen Analyse

In diesem Sinne und auf diese Weise kann Franziskus uns allen – und besonders heute – fraglos als Vorbild dienen.
Seine Botschaft sollte für die Kinder der 2. Klasse einfach und fächerübergreifend vermittelt und vertieft werden:
Religionsunterricht: Vita des heiligen Franziskus, seine Stigmatisierung, Heiligsprechung, Besuch eines Franziskanerklosters …
Heimat- und Sachkundeunterricht: Themen „Haustiere", „Tierschutz", „Welttierschutztag am 4. Oktober", Besuch in einem Tierheim …
Musikunterricht: Lied: „Alle Vögel sind schon da", Singspiel: „Die Vogelhochzeit", Kanon: „Vögelein singen in Busch und Hain" etc.
Werk- und Kunstunterricht: Zeichnen eines Vogels, einer Vogelschar, Malen des Predigers, Basteln eines Vogelhäuschens, eines Nistkastens, Basteln von Requisiten für ein Schattenspiel.

Lernziele: Die Kinder sollen

1. Franziskus als liebenswerten und vorbildlichen Heiligen kennen lernen,
2. den Text der Legende lesen, verstehen und szenisch darstellen können,
3. aus der „Vogelpredigt" die Schlüsselwörter herausfinden und verstehen können,
4. für seine Botschaft, die Natur-, Menschen- und Gottesliebe, sensibilisiert werden.

3. Zur Verlaufsplanung

3.1 Einstimmung

Erzählkreis: Musik-Meditation, Bildmeditation (Folie: „Franziskus", Folie: „Vogelpredigt") …

3.2 Textbegegnung

Einfühlsamer, ruhiger Lehrervortrag (bei Hintergrundmusik und Bildpräsentation), TA der Überschrift, nochmaliges Vorlesen.

3.3 Texterschließung

1. Teilziel: spontane und freie Aussprache

2. Teilziel: Textbetrachtung 1: Anrede der Vögel
Gelenktes Unterrichtsgespräch anhand des Legendentextes (auf Bildschirm, Folie oder Computer-Ausdruck) und anhand der Leitfrage: „Wie spricht Franziskus die Vögel an?"
Erwartetes Ergebnis (Rahmen, Markierung oder Wortkärtchen):

3. Teilziel: Textbetrachtung 2: Schlüsselwörter in der Vogelpredigt
Allein- oder Partnerarbeit am Predigttext (Bildschirm, Folie oder Computer-Ausdruck) anhand des Arbeitsauftrages:

„Sucht in jeder Zeile der Vogelpredigt das (für dich) wichtigste Wort (das Schlüsselwort) heraus!"

Erwartetes Ergebnis (Rahmen, Markierung oder Wortkärtchen):

Geschwister	oder:	Vögel
lieb		Gott
Nisten		Bäume
Trinken		Quelle
erntet nicht		säet nicht
trotzdem		braucht (nicht)
tägliches Brot		(nicht) sorgen
dankbar		vergesst (nie)
loben		Schöpfer

4. Teilziel: Zusammenfassung, Sicherung im Tafelbild (erstellt im gelenkten Unterrichtsgespräch³)

Tafelbild (zugleich Lösung für das Arbeitsblatt):

Der heilige Franziskus predigte den Vögeln

1. Male dich selbst in dieses Bild hinein!
2. Franziskus liebt die Vögel, die Tiere, die Menschen und Gott.
3. Schreibe vier Zeilen der Vogelpredigt auf!
   „Meine Geschwister Vögel!
   Gott hat euch lieb!"
   „Seid dankbar und vergesst nie,
   den Schöpfer zu loben!"
4. Franziskus sieht die Vögel als seine Geschwister, Brüder und Schwestern.
5. Franziskus sagt uns: „Lasset uns die Vögel, die Tiere, die Natur schützen."
   Franziskus sagt uns: „Lasset uns Gott danken und loben!"

3.4 Legendenspiel als Schattenspiel

Anhand der bereitgestellten Utensilien für ein Schattenspiel (Leinwand, Lichtquelle, Baum, Vogel und Mönch als Schattenrisse) versuchen die Kinder, die Vogelpredigt zu inszenieren, wobei als „wunderschöne Melodie" der Kanon „Vögelein singen" gesungen wird. Als Ausklang dieser Legendenstunde dient ein besonders gelungener Spielversuch.

Vögelein singen

Kanon zu 2 Stimmen: froh bewegt   Text u. Melodie: Volksweise

Vö - ge-lein sin-gen in Busch und Hain, la - den zum Sin-gen und Lo-ben uns ein.

4. Zur Weiterführung

- Ausmalen und Ausfüllen des Arbeitsblattes (getrennt für die 1. und 2. Klasse),
- Einstudierung und Aufführung des Legendenspiels (mit Kanon und Musik),
- Quiz „Legenden-Gestalten" durchführen,
- Legendenspiel als Schattenspiel (mit Kanon und Musik) aufführen,
- weiterführendes Lesen (Vorlesen und/oder Stilllesen in der Lese-Ecke):
  Max Bolliger: Euer Bruder Franz.
  Willi Fährmann: Franz und das Rotkehlchen.
  Lene Mayer-Skumanz: Geschichten vom Bruder Franz.

---

3 Die Erstellung des Tafelbildes kann auch zugunsten des Legendenspiels zeitlich verschoben werden.

Lesen   Name: Klasse: am:

Der heilige Franziskus predigte den Vögeln

1. Male dich selbst in dieses Bild hinein!
2. Franziskus liebt die

3. Schreibe vier Zeilen der Vogelpredigt auf!

4. Franziskus sagt uns:

Lasset uns die Vögel und Tiere

Lasset uns Gott danken und

Lesen Name: Klasse: am:

Der heilige Franziskus predigte den Vögeln

1. Male dich selbst in dieses Bild hinein!
2. Franziskus liebt die

3. Schreibe vier Zeilen der Vogelpredigt auf!

4. Franziskus sieht die Vögel als seine

5. Franziskus sagt uns:

Wie die Heckenrose entstanden ist

Als die Mutter Gottes mit dem Christkind und dem heiligen Josef nach Ägypten fliehen musste, da schliefen sie meist im Walde oder im freien Felde. Bei Nacht reisten sie und bei Tage ruhten sie aus.

Eines Morgens hatte Maria das Kleid des Christkinds ausgewaschen
5 und sie hängte es über einen Dornenstrauch zum Trocknen. Dann setzte sie sich wieder zu ihrem Kind und sang es in den Schlaf.

Nach einiger Zeit ging sie wieder zu dem Dornenstrauch, um nachzusehen, ob das Kleid schon trocken war. Doch wie erstaunte sie, als sie den vorher kahlen Strauch mit grünen Blättern und Röschen ge-
10 schmückt sah!

Am schönsten aber blühte der Strauch dort, wo das Kleidchen hing. Und als es Maria abnahm, da erfüllte ein süßer Duft ringsum die Lüfte. Da ahnte Maria, wer den Dornenstrauch so schön geschmückt hatte. „Das hat mein Jesuskind getan", sprach sie, „es hat dich, du guter
15 Strauch, für deinen Dienst belohnt."

Seitdem blühen die lieblichen Heckenrosen am Dornenstrauch.

Volksgut

Volksgut: Wie die Heckenrose entstanden ist

1. Zur Sachanalyse

Diese Volkslegende ist zugleich
a) eine Marienlegende, weil Maria, die Mutter Gottes, auftritt,
b) eine Kindheit-Jesu-Legende, weil eine Episode aus seiner Kindheit erzählt wird, und
c) eine Blumenlegende, weil Duft und Schönheit der Heckenrose (Blüte und Strauch) mit einem Wunder erklärt wird.

Der Volksmund, der die besondere Schönheit der Heckenrose erklären will, erzählt deshalb ein legendarisches Geschehen in vier Abschnitten und fügt im fünften Teil, im Schlusssatz, die ätiologische Erklärung hinzu.

Die gattungstypischen Merkmale:

1. **Die legendarischen Gestalten:** die heilige Familie: Maria, Josef, Jesus
2. **Der legendarische Ort:** Dornenstrauch am Weg nach Ägypten
3. **Die legendarische Zeit:** Kindheit Jesu, kurz nach Christi Geburt
4. **Das legendarische Ereignis:** Maria hängt das Kleidchen Jesu zum Trocknen an den Dornenstrauch.
5. **Das legendarische Wunder:** Jesus belohnt den Dornenstrauch mit wunderschönen Röschen und mit süßem Duft.
6. **Die legendarische Botschaft:** Jesus kann Wunder wirken. Maria: „Das hat mein Jesukind getan."
7. **Die legendarische Imitatio:** Der Glaube an Jesus, der gute Dienste (Werke) belohnt, soll durch diese fromme Weitererzählung geweckt und bestärkt werden.

2. Zur didaktischen Analyse

Diese Botschaft und dieser Glaube sollten den Kindern der 2. Klasse nahe gebracht werden, und zwar über das Vorlesen und Zuhören, über das Entdecken von Schlüsselwörtern und über die szenische Darstellung der frommen Geschichte.
Dieses Bemühen sollte fächerübergreifend abgesichert werden:
Religionsunterricht: „Flucht nach Ägypten"
Heimat- und Sachunterricht: „Was blüht denn da?"
Werk- und Kunstunterricht: Heckenröschen malen, aus Papier basteln (für das Legendenspiel), ebenso Äste eines Dornenstrauches.
In unserer multikulturellen Gesellschaft sollte beachtet werden, dass Jesusglaube und Wunderglaube den Kindern nicht oktroyiert werden dürfen, obgleich sie für viele Menschen eine große Rolle spielen.

Lernziele: Die Kinder sollen

1. eine Kindheit-Jesu-Legende kennen lernen,
2. den Text der Legende verstehen und szenisch darstellen können,
3. die wichtigsten Schlüsselwörter heraushören (entnehmen) können,
4. für Schönheit und Duft der Heckenrose, der Natur, sensibilisiert werden.

3. Zur Verlaufsplanung

3.1 Einstimmung

Erzählkreis: Musik-Meditation (Melodie: „Maria durch 'nen Dornwald ging"), Bild-Meditation (Folie: „Textzeichnung") ...

3.2 Textbegegnung

Ausdrucksstarker Lehrervortrag („halbfreies" Erzählen) bei Musik- und Bildpräsentation.

3.3 Texterschließung

1. Teilziel: spontane und freie Aussprache

2. Teilziel: Heraushören der Schlüsselwörter

Abschnittsweises Vorlesen, pantomimisches Nachspielen der Handlung, Herausfinden der wichtigsten Schlüsselwörter (durch Markierung, Umrahmung oder Wortkärtchen kennzeichnen).
Erwartetes Ergebnis (TA):

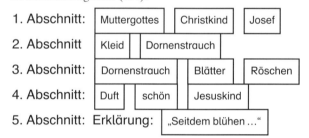

3. Teilziel: Legendenspiel als Personenspiel

Nach dem Besprechen der Rollen Maria, Jesus (Puppe), Josef (Erzähler), der Mimik, Gestik und Dynamik, der Requisiten (Kleidchen, Dornenstrauch, Heckenröschen, Duftfläschchen, die alle bereitgestellt sind) und des Handlungsverlaufs (in vier Abschnitten mit dem Schlusswort (Zeile 16) des Erzählers bzw. des Chores aller Kinder) versuchen die Kinder eine Inszenierung der Legende in einzelnen Gruppen.
Die Präsentation der Spielversuche wird wohlwollend und konstruktiv besprochen. Eine besonders gut gelungene Inszenierung schließt die Legendenstunde ab.

3.4 Erarbeitung des Tafelbildes

In einer folgenden Stunde kann das Ergebnis der Texterschließung in einem Tafelbild wiederholt und gesichert werden. (Struktur des Tafelbildes und des Arbeitsblattes wurden nach dem Stundenbild „Das Muttergottesgläschen" gestaltet.)

4. Zur Weiterführung

– Ausmalen und Ausfüllen des Arbeitsblattes,
– Leseübung am Legendentext,
– Textmontage ausführen, illustrieren und szenisch darstellen,
– Legendenspiel verfeinern und aufführen,
– Legenden-Quiz (für die 1. Klasse mit drei, für die 2. Klasse mit vier Bildkästchen) durchführen und evtl. selbst gestalten lassen.

Tafelbild (zugleich Lösung für das Arbeitsblatt):

Wie die Heckenrose entstanden ist

(Volksgut)

Male Josef dazu!

Die Familie:

Kleidchen → *Maria, die Mutter, Josef, der Vater, das Jesuskind*

← *Dornenstrauch*

Jesus wirkt ein *Wunder*

er erhält: *Blätter, Röschen, Duft*

Wir erkennen:

1. Die Legende erklärt, wie die *Heckenrose* entstanden ist.
2. Die Legende erzählt, dass Jesus *Wunder* wirken kann.

Lesen Name: Klasse: am:

Wie die Heckenrose entstanden ist

(Volksgut)

Male Josef dazu!

Die Familie:

Jesus wirkt ein

er erhält:

Wir erkennen:

1. Die Legende erklärt, wie die _____ entstanden ist.

2. Die Legende erzählt, dass Jesus _____ wirken kann.

Wir „montieren" eine Geschichte

Wie die Heckenrose entstanden ist

Als die Mutter Gottes mit dem Christkind und dem heiligen Josef nach Ägypten fliehen musste, da schliefen sie meist im Walde oder im freien Felde. Bei Nacht reisten sie und bei Tage ruhten sie aus.

Nach einiger Zeit ging sie wieder zu dem Dornenstrauch, um nachzusehen, ob das Kleid schon trocken war. Doch wie erstaunte sie, als sie den vorher kahlen Strauch mit grünen Blättern und Röschen geschmückt sah!

Seitdem blühen die lieblichen Heckenrosen am Dornenstrauch.

Volksgut

Eines Morgens hatte Maria das Kleid des Christkinds ausgewaschen und sie hängte es über einen Dornenstrauch zum Trocknen. Dann setzte sie sich wieder zu ihrem Kind und sang es in den Schlaf.

Am schönsten aber blühte der Strauch dort, wo das Kleidchen hing. Und als es Maria abnahm, da erfüllte ein süßer Duft ringsum die Lüfte. Da ahnte Maria, wer den Dornenstrauch so schön geschmückt hatte. „Das hat mein Jesuskind getan", sprach sie, „es hat dich, du guter Strauch, für deinen Dienst belohnt."

Hinweis für die Freiarbeit:

1. Lies diese Legende und du wirst feststellen, dass die fünf Abschnitte durcheinander geraten sind!

2. Schneide diese fünf Abschnitte aus und klebe sie in der richtigen Reihenfolge unter die Überschrift!

3. Vergleiche deine Lösung im Klassengespräch und mit dem Original!

4. Markiere die Namen der Personen mit verschiedenen Farben!

5. Welche drei Textstellen sind für dich besonders wichtig? Umrahme diese! Sprecht darüber!

6. Zu einer dieser Textstellen kannst du ein Bild malen.

Lesen   Name: Klasse: am:

Legenden-Quiz

1. Erkennst du diese Legenden-Gestalten?
   Schreibe ihre Namen neben die Bilder!

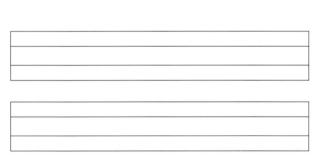

2. Hast du Lust, selbst so ein Legenden-Quiz herzustellen?
3. Wollt ihr euch eine Legende vorlesen, erzählen oder vorspielen?
4. Gibt es in eurer Leseecke ein Legenden-Buch?

Legenden-Quiz

1. Erkennst du diese Legenden-Gestalten?
   Schreibe ihre Namen neben die Bilder!

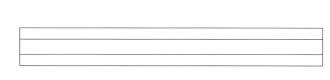

2. Kannst du eine dieser Legenden erzählen, vorlesen oder vorspielen?
3. Willst du selbst ein Legenden-Quiz herstellen, vielleicht auch mit besonderen Gegenständen (Mantel, Rosenkorb, Bischofsmütze, …)?
4. Gibt es in eurer Schülerbücherei Legenden-Sammlungen?

Der Hase und der Igel

Ein Hase begegnete einem Igel.
Der Hase spottete: „Was hast du doch
für kurze und krumme Beine!"
„Wollen wir um die Wette laufen, Hase?"
5 „Ha, ha! Aber sofort, mein lieber Igel!"
„Ich hole nur noch meine Rennschuhe",
sagte der Igel.

Sie liefen um die Wette,
der stolze Hase in der einen Ackerfurche,
10 der schlaue Igel in der anderen Ackerfurche.
„Auf die Plätze, fertig, los!",
kommandierte der Hase und sauste los.
Der Igel machte drei Schritte
und duckte sich.

15 Unten rief die Igelfrau: „Ich bin schon da!"
„Noch einmal gelaufen!", keuchte der Hase.
Oben rief der Igelmann: „Ich bin schon da!"
„Noch einmal gelaufen!", keuchte der Hase.

So rannte er oft hin und her und her und hin,
20 bis er bewusstlos umfiel.

Der Igel sagte zu seiner Frau:
„Er hat uns verspottet,
jetzt hat er seine Lehre."

Brüder Grimm

Brüder Grimm: Der Hase und der Igel

1. Zur Sachanalyse

In der Originalfassung der Brüder Grimm, die in Plattdeutsch sehr breit erzählen, erleidet der stolze, vornehm tuende, dünkelhafte, spottlustige und hochmütige Hase für diese negativen Eigenschaften eine drakonische Strafe, nämlich die Todesstrafe: „Mitten auf dem Acker stürzte er zur Erde, das Blut schoss ihm aus dem Halse, und er blieb tot auf dem Platz liegen."[1]

Im stark verkürzten und vereinfachten Fibeltext wird auf diese Grausamkeit im Märchen verzichtet. Aus pädagogischen Gründen wird die Todesstrafe abgemildert in tiefe Bewusstlosigkeit: „So rannte er oft hin und her und her und hin, bis er bewusstlos umfiel."

Beibehalten wird die „Lehre", welche das Tiermärchen zu einer Tierfabel umfunktioniert. Die Brüder Grimm schließen an ihre Erzählung gleich zwei Lehren an, einmal solle sich keiner über einen geringeren Mann lustig machen, zum andern solle einer seinesgleichen heiraten, eine aus seinem Stande, die so aussieht wie er. Die „Lehre" in der für die 1. Klasse zubereiteten Tierfabel beschränkt sich auf den vereinfachten Satz: „Der schlaue Igel erteilt dem stolzen Hasen eine Lehre."

Dieser Fibeltext weist einfache Sätze, zahlreiche Wiederholungen und den Wechsel von Rede und Gegenrede auf, damit er leicht hörbar, verstehbar, lesbar und spielbar wird.

2. Zur didaktischen Analyse

Die Kinder werden sich sehr schnell mit dem Igel identifizieren, der als der zunächst Schwächere, Verspottete über den stolzen und hochmütigen Gegenspieler triumphiert. Ob der Einsatz seiner Mittel (Schläue, Tücke und List) gerechtfertigt erscheint, sollte in der Klasse diskutiert werden. Die Todesstrafe für den Hasen wird den Kindern allemal zu hart, zu grausam und – ungerecht erscheinen. Bewusstlosigkeit und Verlust der Wette (im Original geht es außer der Ehre um einen Luisdor und um eine Flasche Branntwein) ist dagegen eine angemessene und ausreichende Bestrafung.

Die beiden Tiere denken, reden und handeln wie Menschen. Sie sind (im Original Vertreter zweier unterschiedlicher Stände) im Fibeltext Spieler und Gegenspieler, deren Machtverhältnis sich am Ende umdreht. Der verspottete Igel siegt über den hochmütigen Hasen.

Im Mittelpunkt dieser Märchen- bzw. Fabelstunde steht nicht die übliche unterrichtliche Auswertung, wie beispielsweise das Herausarbeiten gattungsspezifischer Merkmale, sondern die „musische Ausdrucksarbeit". „Der Umgang mit dem Märchen vollzieht sich ausschließlich im Bereich des Musischen und verliert seinen Sinn, wenn wir die von ihm geweckte emotionale Bewegung rational – sei es erziehend, sei es belehrend – ausmünzen wollen. Aus musischem Erleben kann nur musischer Ausdruck erwachsen."[2]

So soll der „Lehrsatz" nicht rational erarbeitet, sondern als Regieanweisung und zugleich als roter Faden der Märchenspielhandlung erfasst werden, eingebettet in einen kreativen, handlungsorientierten und fächerübergreifenden Textumgang.

Lernziele: Die Kinder sollen

1. Spaß und Freude an diesem Tiermärchen erleben,
2. dialogisches Lesen und Sprechen einüben können,
3. zum Spielen des Märchens bzw. der Fabel befähigt werden,
4. den „Lehrsatz" verstehen, dass der schlaue Igel dem stolzen Hasen eine Lehre erteilt,
5. in ihrer Begeisterung für Märchen und andere Geschichten bestärkt werden.

3. Zur Verlaufsplanung

3.1 Hinführung

– Erzählkreis bilden
– Bildimpuls (Folie: Kopiervorlage ohne Text), freie Aussprache
– Bild- und/oder Gedächtniserzählungen der Kinder
– Zielangabe: Märchenstunde: „Der Hase und der Igel" …

3.2 Textbegegnung

– lesender (oder freier) Vortrag des Fabeltextes durch die Lehrkraft
– spontane Äußerungen der Kinder
– gemeinsames Betrachten des illustrierten Textblattes und Nacherzählen der Handlung
– nochmaliges Vorlesen durch die Lehrkraft und stilles Mitlesen der Kinder auf dem Arbeitsblatt (auf der Kopiervorlage)

3.3 Textdurchdringung und -gestaltung
(in freier Arbeit nach Wahl)

– 1. Gruppe: Illustrieren der einzelnen Szenen (fünf Bilder, eines je Absatz)
– 2. Gruppe: Inszenierung: Lesen und Sprechen, Rollenlesen einüben (Tonband)
– 3. Gruppe: Inszenierung: darstellendes Spiel einüben (Märchenspiel)
– 4. Gruppe: musikalische Inszenierung: Lautmalerei, Begleitung mit orffschen Instrumenten

3.4 Auswertung der (vorläufigen) Ergebnisse

– Zeichnungen der Einzelszenen zum Gesamtbild zusammenstellen
– Vorführung des Rollenlesens
– Vorführung des Märchenspiels
– gleichzeitig Vorführen der musikalischen Begleitung
– Sicherung der Ergebnisse im Tafelbild (als Folie am Tageslichtprojektor)

---

[1] Heinz Rölleke (Hrsg.): Brüder Grimm: Kinder- und Hausmärchen. Jubiläumsausgabe mit den Originalanmerkungen der Brüder Grimm. Bd. 2. Stuttgart 1984, S. 376–380. Fibeltext vom Herausgeber.

[2] Alfred C. Baumgärtner zitiert in: Oswald Watzke: Umgang mit Texten in der Primarstufe. München ³1979, S. 30.

3.5 Ausklang

Erzählkreis, Zusammenfassung der heutigen Märchenstunde, Planung der weiteren Arbeit, Schlussvortrag des Ausgangstextes durch Lehrkraft bzw. Kinder.

4. Zur Weiterführung[3]

- Ausfüllen des Arbeitsblattes (der Kopiervorlage)
- weitere Ausgestaltung der Zeichnungen zum „Erzählkino"
- weitere Ausgestaltung des Märchenspiels (mit Musikbegleitung)
- Freiarbeit in der Schulwerkstatt: Herstellen der Märchenfiguren für Schatten- bzw. Puppen- oder Marionettenspiel
- Bearbeiten der Kopiervorlage „Wir ‚montieren' eine Geschichte" (für die 2. oder auch für die 3. Klasse)

---

[3] Helga Zitzlsperger: Kinder spielen Märchen. Weinheim 1993.

Tafelbild (Lösung für 1. und 2. Klasse):

Der Hase und der Igel
(Brüder Grimm)

der Igel	der Hase
kurze Beine	lange Beine
krumme Beine	schnelle Beine
schlau	stolz

Sie laufen um die Wette.

Der Igel trickst den Hasen aus.

Der schlaue Igel erteilt dem stolzen Hasen eine Lehre.

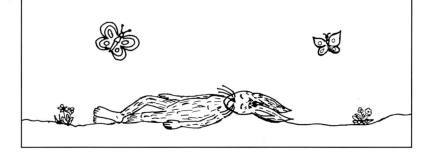

Lesen Name: Klasse: am:

Der Hase und der Igel
(Brüder Grimm)

der Igel | der Hase

Sie laufen um die _____ .

Der Igel _____ den Hasen aus.

Der schlaue Igel erteilt dem stolzen Hasen eine

_____ .

Lesen   Name: Klasse: am:

Der Hase und der Igel
(Brüder Grimm)

der Igel   der Hase

Sie laufen _____ .

Der Igel _____ aus.

Der _____ Igel erteilt dem _____

Hasen eine _____ .

Wir „montieren" eine Geschichte

Der Hase und der Igel

Der Igel sagte zu seiner Frau:
„Er hat uns verspottet,
jetzt hat er seine Lehre!"

Brüder Grimm

Ein Hase begegnete einem Igel.
Der Hase spottete: „Was hast du doch
für kurze und krumme Beine!"
„Wollen wir um die Wette laufen, Hase?"
„Ha, ha! Aber sofort, mein lieber Igel!"
„Ich hole nur noch meine Rennschuhe",
sagte der Igel.

Unten rief die Igelfrau: „Ich bin schon da!"
„Noch einmal gelaufen!", keuchte der Hase.
Oben rief der Igelmann: „Ich bin schon da!"
„Noch einmal gelaufen!", keuchte der Hase.

Sie liefen um die Wette,
der stolze Hase in der einen Ackerfurche,
der schlaue Igel in der anderen Ackerfurche.
„Auf die Plätze, fertig, los!",
kommandierte der Hase und sauste los.
Der Igel machte drei Schritte
und duckte sich.

So rannte er oft hin und her und her und hin,
bis er bewusstlos umfiel.

Hinweise für die Freiarbeit:

1. Beim Lesen wirst du merken, dass diese Geschichte durcheinander geraten ist.
2. Schneide diese sechs Abschnitte aus und klebe sie in der richtigen Reihenfolge auf ein Blatt!
3. Vergleicht eure Lösungen miteinander und mit dem Original!
4. Unterstreiche die drei Personen mit drei verschiedenen Farben!
5. Unterstreiche die Reden dieser drei Personen mit denselben Farben!
6. Umrahme den Satz, der aussagt, warum der Igel den Hasen hereinlegt!
7. Gefällt dir diese Geschichte? Sprecht darüber!
8. Sie zu spielen, macht euch sicher Spaß!

Die Elster und der Rabe

Eine Elster flog in den Zweigen eines Baumes umher
und schwatzte unaufhörlich.
Ein Rabe saß nachdenklich auf einem Ast und
hörte zu. Endlich fragte die Elster:
5 **„Warum bis du so nachdenklich, mein Freund,
glaubst du vielleicht nicht, was ich erzähle?"**
„Nicht alles", erwiderte der Rabe,
**„wer so viel schwatzt wie du,
wird immer etwas dazulügen."**

Volksgut aus Russland

Volksgut aus Russland: Die Elster und der Rabe

1. Zur Sachanalyse

Ein typischer Fabeltext: Zwei Tiere, die Elster und der Rabe, stehen gemäß der Struktur der Fabel einander als Gegenspieler gegenüber, wobei der Rabe (was im Vergleich zu den klassischen Fabeln des Altertums ungewöhnlich ist) der Klügere ist. Er prangert eine bekannte menschliche Schwäche an: „Wer viel schwatzt, wird immer etwas dazulügen."

Die Wirkung der Fabel liegt vor allem in ihrer Kürze, Prägnanz und sprachlichen Klarheit, in der der Lehrgehalt zum Ausdruck kommt. „Reden ist Silber, Schweigen ist Gold" ist bei entsprechender Interpretation eine vom Volksmund her bekannte einprägsame Variante des Lehrgehaltes der Fabel, die aus Russland stammt.

2. Zur didaktischen Analyse

Die Frage ist sicherlich berechtigt, inwieweit Kinder am Ende der 1. Klasse (oder in der 2. Klasse) fähig sind, die Lehre der Fabel (die Begriffe „Lehre" und „Fabel" werden auf dieser Altersstufe noch nicht verwendet!) zu verstehen. Ich meine schon, dass sie in der Lage sind, den Schluss nachvollziehen zu können: Wer viel, unaufhörlich und ohne viel nachzudenken daherredet, läuft leicht Gefahr, auch Unwahrheiten zu verbreiten. Dies kann (wohl mehr von der Lehrkraft) durch konkrete Erfahrungen aus dem Leben verdeutlicht und belegt werden.

Lernziele: Die Kinder sollen

1. zum Text der Fabel in eindringlicher Weise hingeführt werden,
2. ihn gründlich kennen lernen, nachspielen und sinn- und klanggestaltend mit verteilten Rollen laut vortragen können,
3. für die im Text enthaltene Lehre aufgeschlossen werden und sie einsichtig nachvollziehen und verstehen können,
4. eine Comic-Fabel gestalten können.

3. Zur Verlaufsplanung

3.1 Hinführung

Stummer Hörimpuls: Kassette mit Vogelgezwitscher.
Stummer Bildimpuls: Während das Vogelgezwitscher noch weiter abgespielt wird, legt die Lehrkraft eine Folie mit der Illustration des Textblattes auf und lässt die Kinder still betrachten. Es folgt die Aussprache mit dem Ergebnis: „Ein Vogel, eine Elster (evtl. ein Bild von ihr zeigen!) flattert in den Zweigen eines Baumes umher und schwatzt unaufhörlich vor sich hin. Ein anderer Vogel, ein Rabe, sitzt auf einem Ast des Baumes und hört schweigend und nachdenklich zu."
Überleitung zum Text mit dem Aufbau einer Leseerwartung bei den Kindern:
Verbalimpuls: „Da der Rabe auf das Geschwätz der Elster nicht antwortet, wird diese mit der Zeit ungeduldig". (Konfrontation mit der Frage der Elster, die als vorbereitete TA an der Tafel steht, aufgeklappt, still erlesen und dann laut vorgetragen wird:)
„Warum bist du so nachdenklich, mein Freund, glaubst du vielleicht nicht, was ich erzähle?" Stummer Impuls: Die Lehrkraft zeichnet beim Raben eine Sprechblase ein. Arbeitsauftrag: „Was der Rabe der Elster auf ihre Frage antwortet, dürft ihr in der Gruppe aufschreiben!" Jede Gruppe erhält zum Aufschreiben eine Folie und liest dann ihre Antwort vor. Zielangabe: „Was der Rabe der Elster wirklich antwortet, werdet ihr jetzt erfahren!"

3.2 Begegnung mit dem Text

Die Lehrkraft liest den 1. Satz der Fabel vor. Das Vogelgezwitscher wird wieder eingeschaltet. Nach einer angemessenen Zeit liest sie weiter bis einschließlich „Endlich fragte die Elster". Das Vogelgezwitscher wird abgeschaltet, ein guter Leser liest die Frage der Elster, die bereits an der Tafel steht, vor. Die Antwort des Raben dürfen die Kinder selbstständig still mitlesen, während sie die Lehrkraft an die Tafel schreibt. Nach der spontanen Aussprache erhalten die Kinder das Textblatt und lesen den gesamten Text im Zusammenhang leise durch mit dem motivierenden Leseauftrag: „Lest genau, damit ihr dann das Gespräch der beiden Vögel gut nachspielen könnt!"

3.3 Textdurchdringung

1. Teilziel: Durchdringung des Inhalts

Die Kinder spielen das Gespräch zwischen Elster und Rabe nach. Dies dürfte ihnen nicht schwer fallen, da sie mit dem Inhalt in Wort und Bild eindringlich konfrontiert worden sind. (Vgl. Hinführung und Textbegegnung!)

2. Teilziel: Erschließung des Gehalts

In der vergleichenden Aussprache zwischen den Ergebnissen der Gruppenarbeit und der tatsächlichen Antwort kann zum vertieften Verständnis die bekannte Weisheit aus dem Volksmund „Reden ist Silber und Schweigen ist Gold" angesprochen, an der Tafel festgehalten und durch passende Beispiele aus dem Leben reflektiert werden.

3.4 Sicherung

Bearbeitung des Arbeitsblattes: Die Kinder füllen möglichst selbstständig die Lücken aus. Der Fabeltext und die TA können zur Hilfestellung herangezogen werden. Sie verstehen: Die Fabel-Tiere sind keine echten Tiere. Sie reden wie Menschen.

3.5 Schluss

Die Kinder lesen den Text mit verteilten Rollen laut vor, was in lesetechnischer Hinsicht keine Schwierigkeiten bereiten dürfte, da entsprechende Vorarbeit geleistet worden ist.

4. Zur Weiterführung

– Mündlicher Sprachgebrauch: Die Kinder denken sich eine Szene zum Lehrgehalt der Fabel aus und spielen sie vor (Gruppenarbeit)
– Schriftlicher Sprachgebrauch: Gemeinsame Versprachlichung und schriftliche Fixierung einer gelungenen Szene an der Tafel, die die Kinder in ihr Heft schreiben und dann illustrieren dürfen

- Schuldruckerei: Drucken der Vogelnamen, ihrer wörtlichen Reden
- Comic-Fabel herstellen (siehe Kopiervorlage mit leeren Sprechblasen) in der 2. Klasse; evtl. auch in der 3. Klasse[1]

Tafelbild:

[1] Siehe hierzu: Oswald Watzke (Hrsg:) Fabeln in Stundenbildern, 3. und 4. Jahrgangsstufe. Donauwörth, 5. Aufl. 2003.

Lesen   Name: _____   Klasse: ___   am: ___

Die Elster und der Rabe

„Glaubst du nicht, was ich _____?"

„Wer so viel _____ wie du, wird immer etwas _____."

Merke: Reden ist _____, _____ ist Gold.

Lesen Name: Klasse: am:

Die Elster und der Rabe

„Glaubst du nicht, _____ _____?"

„Wer so viel _____ _____, wird immer etwas _____."

Merke: Reden ist _____, _____.

Der Löwe und der Fuchs

Ein alter Löwe fühlte sich nicht mehr kräftig genug für die Jagd und stellte sich krank. Er legte sich in eine Höhle und tat recht schwach. Da kamen die Tiere auf Besuch zu ihm. Sie waren neugierig und wollten ihn sterben sehen.

5 Kaum waren sie aber in seiner Höhle, ergriff sie der Löwe und verzehrte sie. So hatten schon viele den Tod gefunden.

Nach einiger Zeit kam auch der Fuchs, um den Löwen zu besuchen. Er schlich aber nur um die Höhle herum und ging nicht hinein. Endlich fragte er den Kranken: **„Wie geht es dir, Löwe?"**

10 Der Löwe jammerte: **„Mir geht es schlecht! Warum kommst du nicht herein?"**

Da erwiderte der Fuchs: **„Ich warte, bis die anderen Tiere dich wieder verlassen. Ich sehe so viele Fußspuren hineingehen, aber keine herauskommen!"**

nach Äsop

Äsop: Der Löwe und der Fuchs

1. Zur Sachanalyse

Eine klassische Tierfabel mit zwei Tieren als Handlungsträgern, die sich in der sog. vordergründigen Handlung als „Spieler und Gegenspieler"[1] gegenüberstehen. Das Verhältnis der beiden Widersacher zueinander scheint völlig klar: hier der starke Löwe, der „König der Tiere", dort der schwache Fuchs. Im Verlauf der Handlung wandelt sich aber das Kräfteverhältnis der beiden in entscheidender Weise: Der anscheinend unterlegene Fuchs fällt nicht auf die Machenschaften des arglistigen Löwen herein, da er nicht „kopflos" reagiert, und geht gleichsam als Sieger vom Platz. Daraus ergibt sich die pädagogisch bedeutsame Lehre, die sich auf das menschliche Verhalten bezieht: Auch ein Schwächerer, Kleinerer ist einem Stärkeren, Größeren nicht hoffnungslos ausgeliefert, wenn er mit Verstand, Überlegung und Umsicht zu Werke geht.

2. Zur didaktischen Analyse

Der *Inhalt* und der *Aufbau* der Fabel sind klar verständlich:
- hier der alte, für die Jagd nicht mehr taugliche Löwe, der sich krank stellt und so die Tiere zu einem Abschiedsbesuch zu sich in seine Höhle lockt, um sie dann verspeisen zu können;
- dort der schlaue Fuchs, der nicht auf den „Trick" des Löwen hereinfällt, sondern dessen List mit Hilfe seines kühlen Verstandes durchschaut und so als vermeintlich Unterlegener dem „König der Tiere" überlegen ist.

Auch die *Sprache* überfordert in keiner Weise einen Zweitklässler: verhältnismäßig kurze, überschaubare Hauptsätze; keine schwierigen, unübersichtlichen Satzkonstruktionen; klar verständliche, aus dem Kontext sich erklärende Begriffe.

Dies gilt auch für den *Lehrgehalt,* der mit dem beginnenden sog. Wendepunkt[2] der Fabel im Dialog zwischen dem Löwen und dem Fuchs in den Worten des Fuchses deutlich, wenn auch nicht „expressis verbis", aber doch klar verständlich in Bezug auf die vordergründige Handlung zum Ausdruck kommt (vgl. letzten Abschnitt!). Eine Konkretisierung der Lehre durch passende Bezüge zum Leben der Kinder erscheint sinnvoll.

Lernziele: Die Kinder sollen

1. den Inhalt der Fabel (vordergründige Handlung) schrittweise kennen und verstehen lernen,
2. den Lehrgehalt erfassen und (versuchsweise) durch Beispiele aus dem mitmenschlichen Erfahrungs- und Erlebnisbereich konkretisieren,
3. den Text mit verteilten Rollen angemessen vortragen können,
4. die „Fabel" (mündlich oder schriftlich) weitergestalten, illustrieren und szenisch darstellen können.

---

[1] U. Schiebel/H. H. Plickat: Lehrerbegleitheft zum Klett-Lesebuch 3. Stuttgart 1967, S. 55.
[2] ebd.

3. Zur Verlaufsplanung

3.1 Hinführung

Einstimmung: Präsentation der Bilder von einem Löwen und einem Fuchs mit freier Aussprache.
Überleitung zum Fabeltext: Die Kinder erhalten den Text, betrachten die Illustration (entsprechende Bedenkzeit geben) und dürfen den möglichen Handlungsverlauf vermuten.
Zielangabe: Die Erzählung (TA: Der Löwe und der Fuchs) gibt die Antwort darauf, was sich zwischen den beiden ungleichen Tieren zugetragen hat.

3.2 Begegnung mit dem Text

Die Lehrkraft trägt den Text eindrucksvoll vor (angemessene Stimmführung beachten, z. B. bei „schwach und hinfällig" usw.), und zwar bis „Nach einiger Zeit kam auch der Fuchs, den Löwen zu besuchen".
Erneute Textantizipation durch die Kinder; evtl. ein Rollenspiel anbieten (Arbeitsauftrag: Denkt euch ein Gespräch zwischen Löwe und Fuchs aus!). Nach den Berichten der Kinder dürfen sie den Text still zu Ende lesen und sich spontan äußern.

3.3 Texterschließung

1. Teilziel: Erschließung des Inhalts

Der Arbeitsauftrag (Vergleicht die beiden Tiere und sucht passende Wiewörter für sie!) führt zur gelenkten Aussprache über den Inhalt und zur gezielten Arbeit am Text. (Vgl. TA: Eigenschaften der beiden Tiere!)

2. Teilziel: Erschließung des Gehalts

Die Lehrerfrage (Warum hat der Löwe den Fuchs nicht auch wie die anderen Tiere verzehrt?) führt direkt zur Erkenntnis, die mit den Kindern erarbeitet und als TA festgehalten wird. (Vgl. TA: „Merksatz"!)

3. Teilziel: Erschließung der Klanggestalt

Damit das Gespräch zwischen dem Löwen und dem Fuchs frei vorgeführt werden kann (Rollenspiel), empfiehlt es sich, erst die lesetechnischen Voraussetzungen für ein erfolgreiches Gelingen zu schaffen. Dazu ist es sinnvoll, die Sprecherrollen auf dem Textblatt farbig zu markieren (unterstreichen), um den Text mit verteilten Rollen leichter lesen zu können.

4. Teilziel: Übertrag auf den mitmenschlichen Erfahrungsbereich

Inwieweit der Lehrgehalt in einsichtiger Weise auf die Ebene der Kinder übertragen werden soll, bleibt in das Ermessen der Lehrkraft und der jeweiligen Klassensituation gestellt. Der Versuch sollte auf alle Fälle gewagt werden, evtl. mit der gezielten Lehrerfrage: „Hat dich auch schon einmal ein Größerer hereinlegen wollen und du bist nicht auf ihn hereingefallen?"

3.4 Sicherung und Vertiefung

Betrachten und Lesen des Tafelbildes, Bearbeiten der Kopiervorlage, Zeichnen einer Beispielgeschichte: Löwe und Fuchs sind zwei Menschen.

Tafelbild:

Der Löwe und der Fuchs

Löwe	Fuchs
alt	vorsichtig
schwach	misstrauisch
arglistig	klug

Der Fuchs durchschaut die List des Löwen,
weil er erst *denkt*, dann *handelt*.

Male Löwe und Fuchs als Menschen!

4. Zur Weiterführung

– Mündlicher/schriftlicher Sprachgebrauch: Beispiel- bzw. Anwendungsgeschichte kurz erzählen
– Zeichnung dieser Fabelgeschichte zu Ende führen
– szenische Darstellung(en) einüben
– Wahl einer Text-Umgangsart (siehe Anhang in „Märchen in 3/4", hrsg. von Oswald Watzke. Donauwörth ³2004, S. 131–132) unter Besprechung und Beratung durch die Lehrkraft: individuelle Freiarbeit.

Lesen Name: Klasse: am:

Der Löwe und der Fuchs

Löwe	Fuchs

Der Fuchs durchschaut die List des Löwen,

weil er erst _____ , dann _____ .

Male Löwe und Fuchs als Menschen!

Der Esel und der Hund

Ein Bauer, ein Esel und ein Hund liefen einmal übers Feld.
Der Bauer wurde müde und legte sich zum Schlafen unter einen Baum.

Der Esel begann zu grasen, freute sich und sagte:
„Oh, mir geht es gut!
5 **Rings um mich herum wächst frisches, saftiges Gras!"**

Der Hund sah mit leerem Magen zu und sagte zum Esel:
„Ach, lieber Freund, wie hungrig bin ich!
Wenn du dich etwas bückst,
kann ich mein Essen aus dem Korb auf deinem Rücken holen."

10 Doch der faule Esel hatte keine Lust dem Hund zu helfen und sagte:
„Warte, mein Freund, bis dein Herr aufwacht!
Der gibt dir dann dein Futter."

Kaum hatte der Esel ausgesprochen,
sahen sie am Waldesrand einen hungrigen Wolf.
15 Voller Angst rief der Esel:
„Hund, mein lieber Freund, zu Hilfe, zu Hilfe!"

Doch der Hund sprang schnell auf einen Baum und rief von oben herab:
„Warte, mein Freund, bis dein Herr aufwacht,
der schützt dich dann vor dem bösen Wolf!"

nach Jean de La Fontaine

Jean de La Fontaine: Der Esel und der Hund

1. Zur Sachanalyse

„Der Esel und der Hund" ist eine klassische Tierfabel nach dem bekannten Muster: Es stehen sich zwei Tiere als Handlungsträger gegenüber, hier der Esel und dort der Hund. Zunächst ist der Esel gegenüber dem Hund gewaltig im Vorteil: Während er sich das saftige, frische Gras schmecken lässt, muss der Hund mit knurrendem Magen zuschauen, da der Esel zu faul ist sich zu bücken, damit der Hund an das Futter oben in der Packtasche des Esels gelangen kann.

Die Situation wendet sich schlagartig („Wendepunkt" der Fabel!), als ein hungriger Wolf auftaucht. Der Hund flüchtet auf den Baum in Sicherheit und lässt den Esel, der ihn um Hilfe bittet, im Stich, geradeso wie kurz zuvor der Esel es mit ihm getan hatte.

2. Zur didaktischen Analyse

Der *Inhalt* der Fabel: Die vordergründige Handlung ist leicht überschaubar. Der faule, bequeme Esel stillt seinen Hunger und denkt nicht im Traum daran, die Bitte des Hundes zu erfüllen, damit dieser an sein Futter kommen kann. Als aber plötzlich der Esel auf die Hilfe des Hundes angewiesen ist, zahlt der es ihm heim, pikanterweise mit fast demselben Wortlaut wie der Esel vorher: „Warte, mein Freund, bis dein Herr aufwacht …!", und erteilt ihm so eine deutliche Abfuhr.

Der *Lehrgehalt* der Fabel: Die Lehre der Fabel wird vom Dichter nicht wörtlich vorgegeben, sondern soll von der Leserin und vom Leser selbst gezogen werden. Aus pädagogischen Erwägungen heraus sollte sie nicht mit dem alttestamentlichen „Wie du mir – so ich dir!" gefasst werden. Es geht vielmehr darum, den Kindern klar und einsichtig werden zu lassen, dass es falsch und für einen selber schädlich sein kann, nur an sich zu denken und dem anderen nicht zu helfen.

Die *Sprache* ist leicht verständlich und auch von einem Zweitklässler im letzten Schuljahresdrittel zu verstehen: Die Handlung ist logisch aufgebaut; die Sätze sind meistens kurz und die Wortwahl nicht ungewöhnlich; die wörtlichen Reden erleichtern durch den Wechsel in der Drucktype das Verständnis und das Lesen mit verteilten Rollen.

Lernziele: Die Kinder sollen

1. den Inhalt der Fabel über den eindrucksvollen L-Vortrag [bis zum Wendepunkt!] und durch das selbstständige Erlesen [ab dem Wendepunkt!] kennen lernen,
2. die Fabel aus der Sicht des Esels bzw. Hundes nacherzählen,
3. den Gehalt („Wer anderen hilft, dem wird auch geholfen") verstehen und durch Beispiele konkretisieren,
4. den Text angemessen mit verteilten Rollen laut vorlesen und im Rollenspiel frei vortragen,
5. eine Gegenfabel in Form einer Comic-Fabel texten.

3. Zur Verlaufsplanung

3.1 Hinführung

Die Kinder erhalten das Textblatt und betrachten die Illustration (ohne schon den Text zu lesen!). Nach einer gewissen Zeit der stillen Betrachtung bekommen sie den Auftrag, das Blatt umzudrehen (damit sie den Text nicht lesen!) und sich eine Geschichte zur dargestellten Situation auszudenken.

3.2 Begegnung mit dem Text

Die Lehrkraft liest den Text bis zum Wendepunkt („… sahen beide am Waldesrand einen hungrigen Wolf") eindrucksvoll vor, unterbricht an dieser Stelle und lässt die Kinder den weiteren Handlungsverlauf antizipieren. Nach dem Bericht der Kinder dürfen sie das Textblatt wieder umdrehen und das Ende still erlesen (Differenzierung beachten!).

3.3 Texterschließung

1. Teilziel: Analyse des Inhalts

Die Kinder erhalten den arbeitsteiligen Arbeitsauftrag, die Geschichte aus der Sicht des Esels bzw. der Sicht des Hundes nachzuerzählen.

2. Teilziel: Analyse des Gehalts

Mögliche Leitfragen, um zum Lehrgehalt der Fabel vorzudringen:

– Warum half der Esel dem Hund nicht?
– Was hat der Esel gedacht, als der Hund ihm nicht half?
– Was hat der Esel falsch gemacht? Was hat der Hund falsch gemacht?

Arbeitsauftrag: Gib dem Esel einen Rat, was er in Zukunft anders machen soll! (Evtl. Vorgabe eines Satzmusters „Wenn du …, dann …!"). Die mögliche Erkenntnis, die sich aus dem Arbeitsauftrag ergeben könnte (vgl. TA!): „Wenn du anderen hilfst, dann helfen sie dir auch."

3. Teilziel: Aktualisierung der Lehre

Die Kinder dürfen sich eine Situation nach der eben erarbeiteten Erkenntnis ausdenken und darüber berichten (evtl. Vorführung im Rollenspiel!). Sie halten fest: „Fabel-Tiere sind keine echten Tiere."

3.4 Sicherung

Die Kinder erhalten das Arbeitsblatt und bearbeiten es möglichst selbstständig.

3.5 Leseübung (evtl. in folgender Stunde)

Nach der lesetechnischen Bewältigung des Textes (evtl. „Blitzlesen", d. h. kurzes Zeigen von schwierigen Begriffen und Wortgruppen auf Wortkarten, z. B. „frisches, saftiges Gras"; separates Lesen der wörtlichen Reden – der Wechsel in der Drucktype soll das Lesen erleichtern!) wird die Fabel mit verteilten Rollen im Zusammenhang vorgelesen.

4. Zur Weiterführung

– Rollenspiel: Die Kinder dürfen die Geschichte frei vorspielen
– Umgestaltung: Die Kinder erhalten den Arbeitsauftrag, die Erzählung so zu verändern, dass weder der Esel noch der Hund einen Nachteil erleiden („Zeichne eine Comic-Fabel mit gegenseitiger Hilfe!")

Tafelbild (Lösung für Arbeitsblatt 1 und 2):

Der Esel und der Hund

Der Esel hilft dem Hund nicht.

Der Hund hilft dem Esel nicht.

Merke:
Wenn du anderen nicht hilfst, dann helfen sie dir auch nicht.

- Freiarbeit: Inszenierung eines „kleinen Hörspiels": Tonbandaufnahme mit Sprechern, Hintergrundgeräuschen (Hundegebell, Wolfsheulen usw.)
- Ausmalen und Ausfüllen des Arbeitsblattes (für die 1. und 2. Klasse mit zeichnerischer Übertragung der Lehre ins „Menschenreich")
- Texten einer Comic-Fabel (mit gegenteiliger Aussage) auf S. 85 f.

Lesen   Name: Klasse: am:

Der Esel und der Hund

Der Esel hilft dem Hund ....

Der Hund hilft dem Esel ....

Merke:

Wenn du anderen nicht .... ,

dann ....

....

Male ein Bild! Wie ich anderen helfe.
Oder: Wie andere Menschen mir helfen.

Lesen Name: Klasse: am:

Der Esel und der Hund

Wir schreiben die Fabel um:

Wir ändern den Text in den Sprechblasen.

Der Esel _____ dem Hund.

Der Hund _____ dem Esel.

Merke:

Wenn du anderen _____,

dann _____ sie dir auch.

Male ein Bild! Wie du anderen hilfst.
Oder: Wie andere Menschen dir helfen.

Lesen Name: Klasse: am:

Der Esel und der Hund

Ich schreibe eine Comic-Fabel um:

1. Der Esel und der Hund sind in Not. – Zwei Menschen sind in _____ .

2. Sie reden miteinander. – Sie _____ .

3. Ich erfinde einen kurzen Text für die acht Sprechblasen!

4. Ich drücke meine Meinung aus:

   Der Esel und der Hund helfen sich _____ .

   Wir Menschen sollen uns gegenseitig _____ .

Bitte!

Man sitzt bei Tisch. „**Gib mir Brot!**", sagt Lili. Die Mutter antwortet nicht. „**Ich will Brot!**", sagt Lili etwas lauter. Aber die Mutter? – Hat sie nicht gehört? Da erzählt die Mutter eine Geschichte:

Es war einmal ein Zaubergarten. Man sah von fern die Blumen blühen und die Springbrunnen springen. Aber das Tor war verschlossen. Da wollten die Leute über die Mauer klettern. Aber wenn sie meinten, oben zu sein, wuchs die Mauer immer ein Stück höher hinauf.

Nun nahmen die Leute ein Beil und wollten das Tor einschlagen. Das Beil zerbrach. Da nahmen die Leute Feuer und wollten das Tor verbrennen. Das Feuer erlosch. Jetzt kam ein Kind und sagte nur ein einziges Wort. Es sagte: „**Bitte!**" Sofort sprang das Tor weit auf und das Kind ging in den Garten hinein. –

Als Lili das hört, wird sie dunkelrot und sagt: „**Bitte, gib mir Brot!**"

Irmgard von Faber du Faur

Irmgard von Faber du Faur: Bitte!

1. Zur Sachanalyse

Die Dichterin geht sehr behutsam und wirkungsvoll zu Werke, um Lili etwas mehr Höflichkeit, Anstand und Tischmanieren beizubringen. Sie kleidet dabei ihr Anliegen (vgl. Heimat- und Sachkunde der 1. Klasse, 1. Themenbereich: „Kind und Schule, Kind und Familie"!) nicht in mahnende Worte oder gar einen strengen Befehl, der oft so wenig bewirkt, sondern in eine kindgemäß verständliche Rahmenerzählung:

– Die Situation am Tisch: Lili fordert Brot von ihrer Mutter. Dies liefert den Rahmen, in den die eigentliche Erzählung eingefügt ist.
– Die Erzählung, in Form eines Märchens gefasst, bringt in klar verständlicher und einprägsamer Weise zum Ausdruck, wie das kleine, freundliche Wort „Bitte!" des Kindes den rohen Gewaltakten der Erwachsenen im Zaubergarten haus- bzw. „mauerhoch" überlegen ist und das Tor – wie von Geisterhänden geöffnet – leicht aufspringen lässt.
– Die märchenhaft anmutende Erzählung ist von der Dichterin so geschickt angelegt, dass Lili ganz von selbst erkennt, was ihre Mutter will, ohne dass die es aussprechen muss: Lili wird „dunkelrot" vor Scham und sagt: „Bitte, gib mir Brot!" Diese „Belehrung" sitzt tief und nachhaltig.

2. Zur didaktischen Analyse

Das Anliegen der Dichterin zu verstehen dürfte den Kindern am Ende der 1. Klasse oder zu Beginn der 2. nicht schwer fallen. Die märchenhaft konzipierte Erzählung lässt in dem Verhalten des Kindes (ein Kind als Identifikationsfigur für die Schülerinnen und Schüler) modellhaft und anschaulich zum Ausdruck kommen, wie ein „Bitte!" verschlossene Türen und Tore zu öffnen vermag. Lili erkennt dies ohne jedes weitere Zutun und Zureden ihrer Mutter und zieht völlig selbstständig den Schluss auf ihr eigenes Fehlverhalten am Tisch und sagt: „Bitte, gib mir Brot!"

Um die Struktur, den Aufbau und Inhalt der Rahmenerzählung den Kindern einsichtig werden zu lassen, ist es sehr wirkungsvoll, die Ausgangssituation am Tisch: „Lili fordert Brot" (durch das Präsens im Gegensatz zu dem im Imperfekt stehenden Erzählteil sprachlich eindrucksvoll dargestellt!) vorspielen und nach der Konfrontation mit der lehrreichen Erzählung die Situation „Lili bittet um Brot" nachspielen zu lassen.

Lernziele: Die Kinder sollen

1. den Inhalt der Rahmenerzählung über eine szenische Darstellung („Rahmen") und eine möglichst frei vorgetragene Lehrererzählung (Erzählung in märchenhaft anmutender Form) kennen lernen,
2. den erzieherischen Gehalt („Fordern verschließt, bitten eröffnet den Zugang zum Mitmenschen") verstehen und nachspielen,
3. den Text angemessen klanggestaltend mit verteilten Rollen vorlesen können,
4. eine der erzieherischen Intention des Textes entsprechende Situation malen und vorspielen.

3. Zur Verlaufsplanung

3.1 Hinführung

Motivation: Zwei Kinder spielen die Ausgangssituation (Rahmen: Lili fordert unwirsch Brot von ihrer Mutter) vor. Aussprache mit Überleitung zur Märchenerzählung und Zielangabe.

3.2 Begegnung mit dem Text

Um bei den Kindern die Atmosphäre der Märchenerzählung sicht- und spürbar werden zu lassen, sollte die Lehrkraft die Kinder zum Sitzkreis versammeln und das Märchen möglichst frei nacherzählen. Damit der Höhepunkt auch eindringlich und intensiv erlebt wird, empfiehlt es sich, nach „Jetzt kam ein Kind und sagte nur ein kleines Wort" eine spannungssteigernde Zäsur zu setzen und die Kinder das „Zauberwort" vermuten zu lassen.

3.3 Erschließung des Textes

Anhand der Illustration auf dem Textblatt wird der Inhalt nachvollzogen und vertieft und der erzieherische Gehalt (bitten statt fordern) herausgearbeitet und gefestigt. Dabei erfolgen gezielte Bezüge zum Text und Textzitationen als lesetechnische Vorbereitung für das später erfolgende Lesen mit verteilten Rollen.

3.4 Durchdringung des Textes

Damit die Kinder die Märchenerzählung erfolgreich nachvollziehen und nachspielen können, ist es ratsam, den Text erst lesetechnisch zu durchdringen (Differenzierung beachten!). Schwierigere Begriffe (z. B. Zaubergarten, dunkelrot usw.) und Wortgruppen (Blumen blühen; Springbrunnen springen; Tor verschlossen; Tor einschlagen; Tor verbrennen; Feuer erlosch; kleines Wort usw.) erst isoliert mit Wortkarten oder Folienstreifen, dann den ganzen Text im Zusammenhang (Lesen mit verteilten Rollen!) üben.

Auf die lesende Durchdringung folgt die Verarbeitung anhand der szenischen Darstellung.

3.5 Sicherung und Ausweitung

Die Kinder bearbeiten das Arbeitsblatt entweder für die 1. oder 2. Klasse (mit Ergänzungen) und malen eine Szene (in Anlehnung an die Erkenntnis: „Bitten eröffnet den Zugang zum Mitmenschen"). Dazu kann den Kindern die Situation völlig freigestellt oder auf Situationsfelder eingegrenzt (z. B. zu Hause, in der Schule, auf dem Pausenhof, in der Freizeit usw.) vorgegeben werden.

4. Zur Weiterführung

– Mündlicher Sprachgebrauch: Darstellung der von den Kindern gemalten Situationen im Rollenspiel
– Klassenzimmergestaltung: Aushang besonders gelungener Schülerarbeiten
– Schuldruckerei: Drucken (mit Illustration) des „Erkenntnissatzes": „Bitte" öffnet viele Türen
– Lesetraining (Wortkarten, Arbeitsblatt, Textblatt, Leseübungen), Rollen lesen bzw. Lesespiel pflegen.

Tafelbild:

Lesen   Name: Klasse: am:

Bitte!

(Irmgard von Faber du Faur)

öffnet viele Türen.

Maria ist allein

Maria sperrt mit ihrem eigenen Schlüssel auf.
Die Mutter ist nicht da,
nur ein Zettel liegt in der Küche:

> Muss heute im Geschäft bleiben.
> Wärme dir das Essen!
> Mache deine Aufgaben!
> Schau nach, was Oma macht!
>   Bussi, Mutti

Das Wohnzimmer ist still und leer.
5 Maria ist allein.

Die Oma ist in ihrem Zimmer.
Sie liegt immer im Bett,
weil sie schon sehr alt und schwach ist.

Maria geht zu ihr.
10 „Guten Tag, Oma", sagt sie.
„Schön, dass du kommst!", flüstert die Oma.
„Ich bin so allein."
„Soll ich dir etwas vorlesen?", fragt Maria.
Die Oma nickt. „Bitte", sagt sie.

15 So liest ihr Maria
das Märchen „Hans im Glück" vor.
Das Märchen
hat ihr die Oma vorgelesen,
als Maria noch klein war.

20 Die Oma liegt da und lächelt.
Maria freut sich,
dass sie der Oma etwas vorlesen kann.
Maria ist nicht mehr allein.
                    Irina Korschunow

Irina Korschunow: Maria ist allein

1. Zur Sachanalyse

Diese Familiengeschichte der bekannten Autorin stammt aus dem Erfahrungsraum der Kinder. Im ersten Teil der Geschichte (bis Zeile 5) wird vom Heimkommen Marias berichtet, die bereits ihren eigenen Schlüssel hat, und von der Nachricht der Mutter mit den Aufträgen. Diesen ist zu entnehmen, dass noch eine kranke Oma in der Wohnung ist. Der erste Teil endet mit der Einsamkeit Marias: „Im Wohnzimmer ist es still und leer. Maria ist allein." Zeile 6 bis 8 schildert das Alleinsein der Oma im Bett und den Grund für die Bettlägerigkeit. Der dritte Teil der Geschichte beschreibt, wie Maria auf die Großmutter zugeht. Das Vorlesen eines Märchens verbindet beide Personen miteinander. Beide sind zufrieden und fühlen sich nicht mehr allein. Dies macht auch der Vergleich der Überschrift mit der letzten Zeile der Geschichte deutlich. So wie früher die Großmutter Maria durch das Vorlesen von Märchen erfreute, tut dies nun Maria selbst und erfährt dabei das beglückende Gefühl des Angenommenseins. Der Auftrag der Mutter: „Schau nach, was Oma macht!" wird mehr als nur erfüllt. Die Großmutter freut sich darüber, dass Maria nun ihrem Beispiel folgt und selbst vorliest, um ihr Freude zu machen.

2. Zur didaktischen Analyse

Viele Kinder haben schon erlebt, dass sie, wenn sie nach Hause kommen, eine Nachricht finden, weil die Mutter nicht da ist. Trotz aller Selbstständigkeit der Kinder (eigener Schlüssel für die Wohnung) können Kinder die Stille und Leere zu Hause als bedrückend erfahren. Die Geschichte dient dem Leser als Hilfe für eine sinnvolle Daseinsbewältigung. Sie fördert das Verständnis für fundamental menschliche Situationen und bietet zugleich eine Lösung an. Der Text ist lesetechnisch im zweiten Halbjahr des ersten Jahrgangs gut zu bewältigen. Umfang und Zeilenlängen entsprechen dem Lesevermögen von Erstklässlern. Verständnisschwierigkeiten dürften nicht auftreten, da der Inhalt eindeutig und die Sprache klar ist. Der Text regt aufgrund seines Aufbaus nach der Präsentation des ersten Teils zum Weiterlesen an.

Lernziele: Die Kinder sollen

1. sich in die Situation der beiden Personen einfühlen können,
2. die Stimmung des Alleinseins mit Farben und Instrumenten ausdrücken können,
3. Marias Verhalten als beispielhaft erkennen und nachahmen wollen,
4. die Geschichte klanggestaltend lesen können und Vorlesestunden einplanen,
5. im Lied das Aufeinander-Zugehen emotional erleben und gestalten.

3. Zur Verlaufsplanung

3.1 Einstimmung

Präsentation (stummer Impuls!) des ersten Bildes mit nachfolgender knapper Information: Das ist Maria. Sie hat ihren eigenen Schlüssel. Als sie die Wohnungstür aufmacht, ist Mutti nicht da … Die Kinder äußern sich spontan und berichten von eigenen Erlebnissen ähnlicher Art. In der Zielangabe erfahren die Kinder, dass es Maria auch so erging.

3.2 Textbegegnung

Die Lehrkraft trägt den Text bis Zeile 5 vor. An der Tafel erscheint der Satz über dem 1. Bild: Maria ist allein. In einer kurzen Empathieübung können sich die Kinder in Maria einfühlen. Während die Kinder die Augen geschlossen haben, berichtet die Lehrkraft von den Gefühlen Marias im leeren Zimmer. Die Kinder werden in zwei Gruppen aufgeteilt. Gruppe 1 versucht mit Orff-Instrumenten die Stimmung des Alleinseins zu gestalten, Gruppe 2 erhält Papier (DIN A6) und drückt sie mit Farben (Wachsmalkreide) aus. Nach dem Vorstellen der Ergebnisse (Vorspiel und Anheften der Bilder an die Tafel) macht die Lehrkraft darauf aufmerksam, dass noch jemand in der Wohnung ist (TA: Bild 2), der auch einsam ist. Sie trägt Zeile 6 bis 8 vor. Im Partnergespräch erfolgt die Antizipation der weiteren Handlung. Nach dem Austeilen des Arbeitsblattes lesen die Kinder still zu Ende, wobei die leseschwachen eigens betreut werden. Differenzierter Arbeitsauftrag für schnellere Leser: Unterstreiche rot, was Maria sagt! Unterstreiche blau, was die Oma sagt!

3.3 Texterschließung

Inhalt:

Nach Spontanäußerungen über das Ende der Geschichte und nach lautem Lesen wird anhand von Leitimpulsen gezielt im Text nachgelesen:
Die Mutter hinterlässt Maria eine Nachricht!
Woran merkt man, dass Maria sich am Anfang nicht so wohl fühlt?
Ihr wisst, warum die Oma im Bett liegt!
Man merkt, dass die Oma sich über Marias Besuch freut!
Warum liest Maria der Oma das Märchen „Hans im Glück" vor?
Kann uns jemand das Märchen erzählen?

Gehalt:

An die Tafel wird nun Bild 3 gehängt und betrachtet (Omas Gesichtsausdruck!). Eine neue Überschrift wird dazu gefunden und notiert (Hilfe im Text letzte Zeile). Die Kinder finden nun Farben für dieses Bild (Aufgabe analog Gruppe 2). Diese hellen Farben werden für beide Personen begründet und der Tafeltext ergänzt.
Im Partnergespräch überlegen sich die Kinder, ob sie einsame Menschen kennen und wie sie diesen Freude bereiten können. Gemeinsame Besprechung (TA: Wir sind füreinander da.).
Zur Rhythmisierung und als emotionales Nachempfinden wird das Lied (Anlage) gemeinsam gesungen und gespielt.

Klanggestalt:

Zunächst wird das Gespräch zwischen Maria und der Oma in mehreren Versuchen gelesen (vgl. differenzierten Arbeitsauftrag): Oma flüstert! Maria fragt. Die ganze Geschichte wird dann in Sinnabschnitten gelesen, auch mit verteilten Rollen.

4. Zur Weiterführung

- Ausgestaltung des Arbeitsblattes (der Kopiervorlage); Eintrag des Tafelbildes
- Darstellung der Omageschichte im szenischen Spiel (Rollenlesen, Lesespiel, Personenspiel)
- Kunsterziehung: „Ich lese meiner kranken Oma vor"; „Ich bin für N. N. immer da"
- Vorhaben: Jemandem eine Freude machen, z. B. den Bewohnern eines Altenheims, einem kranken Mitschüler
- Musikerziehung: Einstudieren des Liedes „Ich bin so gern bei dir"; Performance als Tanzspiel (S. 139)
- Schuldruckerei: Drucken (mit Illustration) der Namenwörter, der Sätze und des „Erkenntnissatzes" auf der Kopiervorlage, vom Tafelbild übernommen bzw. selbst verfasst
- Spiel- bzw. Werkstattmaterial einsetzen (Anlage)

Tafelbild (Lösung für die 1. und 2. Klasse):

Anlage: Suchaufgabe

Hier haben sich **Maria** und **Oma** versteckt.
Male Maria **rot** und Oma **blau** an!

```
MIMANSMARIADERNFGMA
ONUTMAROSIPLOMAMSKO
OMANRUINDSMARIADOMA
NMASTROPALHBSOMAROP
KASELMARIAIUMKELSOMA
MARIAUKLPOMAITREWNLI
```

Maria kommt ☐ -mal vor.

Oma kommt ☐ -mal vor.

Stelle selbst eine Suchaufgabe zusammen!
Verwende deinen Namen und neue Wörter, z. B.:

LESEN OPA MUTTER VATER
NICHT ALLEIN

Lesen Name: Klasse: am:

Maria ist allein

(Irina Korschunow)

Maria

Oma

vor | lesen

sind nicht mehr allein.

Wir sind   .

Lesen Name: Klasse: am:

Maria ist allein

(Irina Korschunow)

vor | lesen

Wir sind

Die fünf Handwerksburschen auf Reisen

Da zogen einstmals fünf Handwerksburschen aus einem Orte zusammen auf die Wanderschaft. Sie hatten sich gegenseitig versprochen, sich niemals voneinander zu trennen.

Sie waren schon ein gut Stück Weges gegangen. Da fiel dem einen
5 plötzlich ein, ob sie auch noch alle beisammen wären. Sie blieben stehen und einer fing an zu zählen: „Ich bin ich, eins, zwei, drei, vier!" Ach, wie erschraken sie da, als einer fehlte. Sie zählten nun einer nach dem anderen und brachten immer nur vier heraus: „Ich bin ich, eins, zwei, drei, vier!"

10 Da kam ein Fremder daher und fragte: „Was habt ihr denn?" Sie sagten es ihm und baten: „Hilf uns doch, den fünften zu suchen!" Der Mann rief: „Steckt eure Nasen in den Sand und zählt die Löcher!" Das taten sie und es kamen fünf Nasen heraus.

Nun wussten sie genau, dass sie noch keinen Kameraden verloren
15 hatten, und setzten vergnügt ihre Reise fort.

Paul Zaunert

Paul Zaunert: Die fünf Handwerksburschen auf Reisen

1. Zur Sachanalyse

Der Text stößt sicherlich auf das ungeteilte Interesse der Zweitklässler und löst bei ihnen Heiterkeit (die in der Schule leider viel zu kurz kommt!) über das tölpelhafte Verhalten der fünf Handwerksburschen aus. Handwerksburschen begaben sich nach dem erfolgreichen Abschluss ihrer Gesellenprüfung früher als „Gesellen" auf die Walz, um die weite Welt kennen zu lernen und sich bei einem anderen Meister zu verdingen und handwerklich weiterzubilden. Ab und zu trifft man auch heute noch Gesellen in ihrer typischen Berufskleidung vor allem aus dem Zimmermannshandwerk an.

Dieser Volksschwank lebt von der Einfalt der fünf Handwerksburschen, die sich beim Zählen ihrer verschworenen Gemeinschaft („Sie hatten sich gegenseitig versprochen, sich niemals voneinander zu trennen") immer wieder „verzählen". Der Fehler liegt jeweils beim Zähler, der sich nicht mitzählt, sondern als „ich bin ich" bezeichnet. Diese „Dummheit" begründet das Schwankmotiv. Erst der Rat eines Fremden „Steckt eure Nasen in den Sand!" überzeugt die Handwerksburschen von ihrer Vollzähligkeit. Ihr Vergnügen über diese Gewissheit, keinen Kameraden verloren zu haben, teilen die jungen Leserinnen und Leser mit Freuden, weil sie als Kinder „gescheiter sind" als die erwachsenen Schwankfiguren.[1]

2. Zur didaktischen Analyse

Der Text ist sowohl inhaltlich als auch sprachlich gut auf die Kinder am Ende der 2. Klasse abgestimmt. Der in sich schlüssige Handlungsverlauf, die nicht zu langen, verständlichen Sätze, der unkomplizierte Satzbau, die einfachen Begriffe und die den Handlungsablauf wirkungsvoll auflockernden wörtlichen Reden erleichtern das Sinnverständnis und die Sinnentnahme erheblich.

Aus diesen Gründen soll deshalb die „Arbeit am Text" (Texterschließung) schwerpunktmäßig von den Kindern selbst geleistet werden, indem sie die von der Lehrkraft vorgegebenen Arbeitsaufträge (vgl. Ziffer 3 „Verlaufsplanung") und die Tafelanschrift (die Kopiervorlage) selbstständig bearbeiten dürfen.

Lernziele: Die Kinder sollen[2]

1. Spaß und Freude am Volksschwank haben,
2. die Haupteigenschaft (die Einfalt) der Schwankfiguren erkennen,
3. den „Rechenfehler" als Motiv des Schwankes ermitteln,
4. weitere Lösungsmöglichkeiten zu der des Fremden sich ausdenken,
5. den Volksschwank sinn- und klanggestaltend lesen, szenisch darstellen und spielen können,
6. zur Lektüre von Volksschwänken (und damit zum Erhalt dieses literarischen Kulturgutes) motiviert werden.

3. Zur Verlaufsplanung

3.1 Hinführung

Einstieg: Die Kinder erhalten das Textblatt, betrachten eine gewisse Zeit die Illustration und erlesen dann die Überschrift. In der sich anschließenden Aussprache werden Sinn und Bedeutung der Wanderschaft der „Gesellen" („Handwerksburschen") aus früherer Zeit (vgl. Ziffer 1 „Zur Sachanalyse"!) geklärt.

Überleitung zum Text: „Eines Tages machten sich fünf Handwerksburschen aus einem Orte gemeinsam auf die Wanderschaft. Sie versprachen sich vorher, immer beieinander zu bleiben und sich nicht zu trennen. Unterwegs aber, da passierte etwas ganz Ungewöhnliches!"

Zielangabe: „Was ihnen unterwegs passiert ist, erfahrt ihr jetzt!"

3.2 Begegnung mit dem Text

Die Lehrkraft liest (bei umgedrehtem Textblatt der Kinder!) bis zum Höhepunkt („Da kam ein Fremder daher…") vor und lässt die Kinder nach der Aussprache über den möglichen weiteren Verlauf der Erzählung den Text still selbstständig zu Ende lesen (Differenzierung bedenken!).

3.3 Arbeit am Text

Die Kinder drehen das Textblatt herum und bearbeiten nach einer gezielten Einweisung folgende fünf Arbeitsaufträge (s. Tafelbild) selbstständig in Allein-, Partner- oder Gruppenarbeit:

1. Was haben sich die fünf Handwerksburschen gegenseitig versprochen?
2. Was fiel dem einen Handwerksburschen plötzlich ein?
3. Warum erschraken die fünf Handwerksburschen so sehr?
4. Welchen Fehler haben sie begangen?
5. Welchen Rat gab ihnen der Fremde?

Differenzierung: Ganz Schwache arbeiten mit der Lehrkraft zusammen. Es folgt in enger Bindung an den Text die gemeinsame Auswertung (Lösung s. Tafelbild). Dabei sollte, um der Pointe des schwankhaften Textes gerecht werden zu können, die der Situation so trefflich angepasste Lösung des Fremden etwas eingehender begutachtet werden. Vielleicht finden die Kinder weitere situationsangemessene Lösungen?

3.4 Ausklang

Der Vortrag des Textes (Lesen mit verteilten Rollen) und das Stellen der Hausaufgabe (Bearbeitung des 6. Arbeitsauftrages: Male die Lösung des Fremden oder eine eigene!) beenden die Lesestunde. Evtl.: Lesespiel.

4. Zur Weiterführung

– Mündlicher Sprachgebrauch: Die Kinder denken sich ein weiteres Erlebnis der fünf Handwerksburschen aus und erzählen es ihren Klassenkameraden (evtl. auch im „Morgenkreis")

---

[1] Peter Högler: Volksdichtung. In: Literaturunterricht in Beispielen, hrsg. von Peter Franke. Donauwörth 1983, S. 9–58, vgl. S. 15.
[2] Högler, a. a. O., vgl. S. 25.

- Schriftlicher Sprachgebrauch: Die Kinder schreiben ein weiteres Erlebnis der fünf Gesellen auf und lesen es in der Klasse vor
- Kunsterziehung/mündlicher Sprachgebrauch: Die Kinder malen ein Erlebnis und stellen es den Mitschülern vor
- Medienarbeit: Tonbandaufnahme des Schwankspieles (übers Rollenlesen und Lesespiel bis zum kleinen Hörspiel mit Geräusch- und Musikuntermalung)
- Weitere Lektüre von Volksschwänken (Leseecke, Schul- oder Gemeindebücherei, freie Lektürestunde bzw. Vorlesestunde einplanen)[3]
- eine Eulenspiegel- und/oder Schildbürgergeschichte kennen lernen[4].

---

3 Siehe z. B.: Horst Schaller (Hrsg.): Schwänke und Schnurren. 1975.
Erich Kästner: Till Eulenspiegel. 1959.
Leander Petzoldt (Hrsg.): Deutsche Schwänke. 1979.
Johann Peter Hebel: Schatzkästlein des rheinischen Hausfreundes. 1811 (Reclamausgabe 1981).
4 Siehe hierzu: Oswald Watzke (Hrsg.): Schwänke in Stundenbildern, 3./4. Jahrgangsstufe. Donauwörth 1999.

Tafelbild:

Die fünf Handwerksburschen
(Paul Zaunert)

Beantworte die fünf Fragen mit Hilfe des Textblattes mündlich oder schriftlich:

1. Was haben sich die fünf Handwerksburschen gegenseitig versprochen?

„sich niemals voneinander zu trennen"

2. Was fiel dem einen Handwerksburschen plötzlich ein?

„ob sie auch noch alle beisammen wären"

3. Warum erschraken die fünf Burschen so sehr?

Sie dachten, es fehlte einer von ihnen.

4. Welchen Fehler haben sie begangen?

Sie haben sich nicht mitgezählt.

5. Welchen Rat gab ihnen der Fremde?

„Steckt eure Nasen in den Sand und zählt dann die Löcher!"

Lesen   Name: Klasse: am:

Die fünf Handwerksburschen

(Paul Zaunert)

„Ich bin ich eins, zwei, drei, vier"

Beantworte die fünf Fragen mit Hilfe des Textblattes mündlich oder schriftlich:

1. Was haben sich die fünf Handwerksburschen gegenseitig versprochen?

2. Was fiel dem einen Handwerksburschen plötzlich ein?

3. Warum erschraken die fünf Burschen so sehr?

4. Welchen Fehler haben sie begangen?

5. Welchen Rat gab ihnen der Fremde?

April, April!

Am Nachmittag, als wir unsere Schulaufgaben gemacht hatten, lief Lasse zum Südhof und sagte zu Ole:

„Ole, ein Lumpensammler ist in den Nordhof gekommen. Er kauft Steine auf."

„Steine kauft er?", fragte Ole. „Was denn für Steine?"

„Na, solche Steine, wie ihr sie hier im Garten habt", sagte Lasse.

Und Ole fing an, so viele Steine in einen Sack zu sammeln, wie er nur konnte. Und dann hastete er mit dem vollen Sack zum Nordhof. Dort war wirklich ein Mann, aber der kaufte nur Lumpen und Flaschen.

„Bitte, hier haben sie noch meine Steine", sagte Ole.

Er schleppte dem Mann den Sack entgegen und sah ganz verzückt aus.

„Steine?", fragte der Mann, „sagtest du Steine?"

„Und ob", sagte Ole. „Richtige, prima Feldsteine sind es. Ich habe sie selbst in unserem Garten aufgesammelt."

„Ach so", sagte der Mann, „da haben sie dich aber schön angeführt, mein kleiner Freund."

Da erinnerte sich Ole, dass ja erster April war. Sein Gesicht lief rot an. Er nahm den Sack über die Schulter und zog damit wieder nach Hause, ohne ein Wort zu sagen. Aber hinter dem Zaun stand Lasse und schrie laut: „April, April!"

Astrid Lindgren

Astrid Lindgren: April, April!

1. Zur Sachanalyse

„Jemanden in den April zu schicken" ist ein auch bei Kindern beliebtes Brauchtumsspiel. Der Brauch erteilt die Erlaubnis, die anderen zu beschwindeln, an der Nase herumzuführen, reinzulegen, zu überlisten, ihnen einen Bären aufzubinden. Freilich sollten die Grenzen – von der Gutmütigkeit zur Bösartigkeit – nicht überschritten werden, sodass Schadenfreude, Auslachen und Spott im erträglichen Rahmen bleiben.

Astrid Lindgren (1907–2002), die weltberühmte und vielfach preisgekrönte Kinderbuchautorin[1], erzählt in „Mehr von uns Kindern aus Bullerbü" diesen fröhlichen Aprilscherz. Diese Schwankgeschichte lebt vom Motiv der Schadenfreude, die Lasse empfindet, als es ihm gelingt, Ole aufgrund seiner Gewinnsucht hereinzulegen. Ole hört nur „kaufen" und überhört „der Lumpensammler", sodass dieser ihn erst aufklären muss, dass er ganz „schön angeführt" worden sei. „Wer den Schaden hat, braucht für den Spott nicht zu sorgen." Dieses Sprichwort bewahrheitet sich wieder einmal, als Lasse, dem der Aprilstreich gelungen ist, hinter dem Zaun „April, April!" hervorruft.

Die Erzählung ist überschaubar, klar aufgebaut und durch Rede und Gegenrede dynamisch strukturiert. Die Handlung läuft schnell auf die Pointe zu. Nach der Fremderkenntnis „da haben sie dich aber schön angeführt" (Zeilen 21/22) kommt Ole auch zur Selbsterkenntnis „es ist ja erster April" (Zeile 23). Er schämt sich und muss Lasses Spott ertragen.

2. Zur didaktischen Analyse

Die Kinder lieben es, andere hereinzulegen. Sie empfinden sehr leicht Schadenfreude. Gerne werden sie sich deshalb mit Lasse identifizieren, nicht mit Ole, der dem Aprilscherz zum Opfer fällt.

Da es sich um einen harmlosen Aprilscherz handelt, könnte, angeregt durch die Erzählung von eigenen „Aprilerlebnissen", die Frage diskutiert werden, „wann und wo" Aprilscherze ihre Grenzen haben, wann sie harmlos, wann sie boshaft sind und deshalb zu vermeiden wären.

Lernziele: Die Kinder sollen

1. Spaß und Freude an dieser Schwankerzählung haben,
2. diese erzählend und szenisch darstellend wiedergeben können,
3. das Schwankmotiv „in den April schicken" erkennen und angemessen würdigen,
4. die Schwankfiguren kurz charakterisieren können,
5. den Kernsatz, auf dem der Aprilscherz beruht, herausfinden,
6. für das Lesen weiterer Schwankerzählungen begeistert werden.

3. Zur Verlaufsplanung

3.1 Hinführung

Wortimpuls (TA): „April, April!"; spontane Aussprache, erzählen von eigenen „Aprilerlebnissen…"
Zielangabe: Astrid Lindgren, die ihr alle sehr gut kennt, hat auch einen Aprilscherz erzählt…

3.2 Textbegegnung

Ausdrucksstarker Lehrervortrag, Unterbrechung nach Zeile 14: „Bitte, hier haben Sie noch meine Steine"; Vermutungen, Lehrervortrag bis zum Ende (bzw. stilles Lesen der Kinder, falls es deren Lesefähigkeit ermöglicht).

3.3 Textdurchdringung

1. Teilziel: erzählende und darstellende Wiedergabe des Schwankes

2. Teilziel: Personen und Schwankverlauf feststellen

Stilles Nachlesen und arbeitsteilige Partnerarbeit, wobei die Lehrkraft leseschwächere Kinder betreut: Arbeitsblatt austeilen, Vor- und Mitlesen.
1. Unterstreiche die Personen (mit verschiedenen Farben)! Was hältst du von ihnen?
2. Unterstreiche den Satz, der den Aprilscherz enthält! Wärst *du* auf ihn hereingefallen?
3. Unterstreiche das Wort „Steine" und das Wort „Lumpen" grau bzw. braun! Überlege, warum Ole „Steine" mit „Lumpen" verwechselt!
4. Markiere (mit einem Marker) das Wort „April" im Text! Warum kommt es so oft vor?

3. Teilziel: Berichte der Partnergruppen (in vier Abteilungen), Erstellung des Tafelbildes (Folie auf Tageslichtprojektor): siehe Tafelbild.

3.4 Vertiefung

Wie weit kann ein Scherz gehen, ohne dass die Freundschaft zwischen Lasse und Ole gefährdet wird? → Vertiefendes Gespräch „Scherz/Schmerz"; Scherz/Schmerz evtl. als Wortkarten verwenden und Lösungen zuordnen.

3.5 Ausklang

Lesen der Tafelanschrift, abschließendes Rollenlesen.
Impuls: „Wie könnte Ole seinen Freund Lasse hereinlegen?"
Siehe Comic-Blatt S. 103!

4. Zur Weiterführung

- Ausfüllen und Ausmalen des Arbeitsblattes (Lückentext als Kopiervorlage)
- Ausbau des Rollenlesens über das Lesespiel zum Schwankspiel

---

1 Kerstin Ljunggren: Besuch bei Astrid Lindgren. Oetinger Lesebuch zum 85. Geburtstag von Astrid Lindgren. Hamburg 1992.

- Illustrieren der Schlüsselstellen (Zeilenzähler 4/5, 13/14, 21/22, 23/25) und Zusammenstellen der Einzelbilder zur Schwankgeschichte
- Sprachgestaltung: Erfinden einer Aprilgeschichte („Wie könnte Ole Lasse hereinlegen?")
- Kunsterziehung: Zeichnen einer Bildergeschichte bzw. Comicepisode („Lasse schickt Ole in den April", „Ole schickt Lasse in den April" oder: „Wie ich XY in den April geschickt habe")
- Lektüreempfehlung: Astrid Lindgrens Kinderbücher (Autorinnenporträt, kleine Bücherkunde, Leseecke, Schul- oder Gemeindebücherei usw.[2])
- Lektüre weiterer Aprilscherzerzählungen, z. B. „Sascha schickt die Leute in den April" von Gina Ruck-Pauquet[3]
- Anlegen eines Ideenbuches/Bauplanes für Aprilscherzgeschichten.

---

[2] Siehe hierzu z. B.: Alfred C. Baumgärtner/Oswald Watzke: Wege zum Kinder- und Jugendbuch. Donauwörth 1985.
[3] Interpretiert in: Oswald Watzke (Hrsg.): Lehrerhandbuch zum Auer Lesebuch, 2. Jahrgangsstufe. Donauwörth ³1992, S. 85.

Tafelbild:

Lesen   Name: Klasse: am:

April, April!
(Astrid Lindgren)

Lasse schickt Ole in den ⬚

Lasse:

„Ein Lumpensammler kauft Steine auf."

Ole
sammelt und
schleppt
einen Sack
voller Steine.

Lumpensammler:
„Steine?"
„Da haben sie
dich aber schön
⬚"

Ole
erinnert sich an den ⬚
und schämt sich.

Lasse spottet:

Wie könnte Ole auch Lasse ⬚ ?

Lesen   Name: Klasse: am:

April, April!
(_____)

Ole schickt Lasse in den _____ .

Ole:
_____

Zeiche und texte deinen Aprilscherz!

Ole und Lasse sind sich nicht böse.

Kemal ist unser Freund

Kemal sagt zu Tim:
„Der Peter aus der Klasse 4,
der will mich verhauen.
Ich mag gar nicht auf den
5 Schulhof gehen."

„Ich gehe mit dir",
sagt Tim.

„Aber der Peter ist stark,
Timi."

10 Tim erzählt den anderen
Kindern, was Peter vorhat.

„Kemal, wir gehen mit dir!",
rufen die Kinder.

In der Pause geht Kemal
15 auf den Schulhof.
Da ist auch schon Peter.

Peter geht auf Kemal zu.
„Na, du Türke!", sagt Peter
und hebt den Arm.

20 Die Kinder der Klasse 2
stellen sich neben Kemal.
„Kemal ist unser Freund",
sagt Tim.

Peter sieht sie alle an und
25 sagt: „Ach, ihr Kleinen,
lasst mich doch in Ruhe."
Dann geht er weiter.

Horst Bartnitzky

Horst Bartnitzky: Kemal ist unser Freund

1. Zur Sachanalyse

Knapp, sehr prägnant und einprägsam greift Horst Bartnitzky das Thema „Ausländer"/„Gewalt an Schulen" auf. Der kurze Erzähltext besteht hauptsächlich aus wörtlicher Rede.
Zunächst erfahren Leserin und Leser von der Angst Kemals, auf den Schulhof zu gehen: Peter, der zwei Klassen über ihm ist, will ihn verhauen.
Den gut gemeinten Vorschlag Tims, ihn zu begleiten, lehnt Kemal ab, da Peter stark sei. Tim ergreift sofort die Initiative und informiert die Klasse über Kemals Angst. Spontan beschließt diese, Kemal in der Pause beizustehen. Peters Abneigung gegen Kemal kommt in der kurzen Bemerkung „Na, du Türke!" zum Ausdruck. Das Heben des Armes deutet auf die beabsichtigte Gewalt hin. Die Klasse gruppiert sich um Kemal und die gemeinsam klare Aussage „Kemal ist unser Freund" veranlasst Peter, die Kinder in Ruhe zu lassen. Er gibt auf angesichts der Gruppe, die zusammenhält, und reagiert großspurig mit der Bemerkung: „Ach, ihr Kleinen, lasst mich doch in Ruhe." So artet dieser soziale Konflikt Gott sei Dank nicht in Gewalttätigkeit aus.

2. Zur didaktischen Analyse

Zunehmend besuchen ausländische Kinder unsere Klassen, was in der Regel keine Probleme macht. Gelegentlich passiert es aber, häufig nicht während des Unterrichts, sondern außerhalb der Schule oder aber in der Pause, dass es zu Auseinandersetzungen, Beschimpfungen, Beleidigungen, Schlägereien und Gewaltanwendungen kommt. Grund für solche Auseinandersetzungen mögen das andere Aussehen, die Sprache, die andere Kultur, aber auch der Einfluss von Medien oder gar abfällige Bemerkungen Erwachsener über Ausländer und eine zunehmende Gewaltbereitschaft in unserer Gesellschaft sein.
Um ein friedliches Miteinander zu erreichen, müssen Kinder lernen, andere in ihrer Eigenart, in ihrer Andersartigkeit zu akzeptieren und auf sie zuzugehen.[1]
Der vorliegende Text eignet sich besonders gut, die Problematik „Ausländer"/„Gewalt an Schulen" anzupacken, da er sich auf einen kurzen, von den Kindern gut nachzuvollziehenden Einzelfall beschränkt. Die friedliche Lösung des beginnenden Konflikts kann Kinder ermutigen, ebenso wie Tim oder die Kinder der Klasse 2 zu handeln, Stärke zu zeigen ohne Gewalt anzuwenden.
In diesem Sinne erfüllt unsere Schulgeschichte geradezu eine Vorbildfunktion für eine gewaltfreie Konfliktlösung.

Lernziele: Die Kinder sollen

1. Inhalt und Problematik des Textes erfassen,
2. alternative Lösungsvorschläge für den Konflikt entwickeln und vergleichen,
3. sich in die beiden Jungen und die Mitschüler hineinversetzen können,
4. erfahren und erspüren, dass Freunde und Freundinnen wichtig sind,
5. den Text mit verteilten Rollen lesen und szenisch darstellen können,
6. für ein gewaltloses und friedliches Miteinander sensibilisiert werden.

3. Zur Verlaufsplanung

3.1 Hinführung

Der Wortimpuls: „In der Pause ist immer viel los!" führt zu Schüleräußerungen über Vorkommnisse aus dem eigenen Erfahrungshorizont.
Bildimpuls „Kemal"! Die Lehrkraft erläutert: „Das ist Kemal. Er besucht wie ihr die zweite Klasse. Kemal geht aber nicht gerne auf den Schulhof!"
Die Kinder äußern ihre Vermutungen. Nachdenken über Name „Kemal"! „Aus welchem Land könnte er oder könnten seine Eltern kommen?" ...
Zielangabe: „Ihr werdet erfahren, weshalb Kemal Angst hat, auf den Schulhof zu gehen."

3.2 Textbegegnung

Die Kinder lesen den Text (Kopiervorlage) still. Differenzierte Arbeitsaufträge berücksichtigen das unterschiedliche Lesetempo und dienen der Vorbereitung des Rollenlesens.
1. „Unterstreiche gelb, was Kemal sagt!"
2. „Unterstreiche grün, was Tim sagt!"
3. „Unterstreiche blau, was Peter sagt!"
4. „Unterstreiche rot, was die Kinder sagen!"

Nach Spontanäußerungen und nach Vorlesen der markierten Redeteile wird der Text laut von den Kindern vorgelesen.

3.3 Textdurchdringung

Inhaltlich:
Im Unterrichtsgespräch geben die Kinder anhand gezielter Impulse den Inhalt des Gelesenen wieder. Dabei entwickelt sich das Tafelbild.
1. „Ihr wisst nun, weshalb Kemal (Anheften der Zeichnung „Kemal") nicht in den Schulhof gehen will!"
2. „Tim tut etwas, um Kemal zu helfen!" (Anheften der Zeichnung „Tim" ins Tafelbild)
3. „Peter sagt nur drei Worte!" (Anheften der Zeichnung „Peter" mit leerer Sprechblase, die ein Kind beschriftet). „Was er damit wohl meint?"
4. „Er droht Kemal sogar! Wie?"
5. „Ihr wisst, was die Kinder tun, um Kemal zu helfen!"
6. „Die Kinder und Tim sagen einen ganz wichtigen Satz!" (Anheften der Zeichnung „Kinder" mit leerer Sprechblase)

Gehaltlich:
Impuls: „Peter verhaut Kemal nicht. Ihr könnt euch denken, warum er das nicht tut!"
Frage: „Ob Kemal sein Problem auch **alleine** hätte lösen können?"
Die Kinder finden sich in Gruppen zusammen und bearbeiten jeweils einen der Arbeitsaufträge (zur Differenzierung):
Gruppe 1: „Malt, wie Kemal sein Problem hätte lösen können!"
Gruppe 2: „Überlegt in der Gruppe, was Kemal hätte tun oder sagen können!"
„Spielt dann eure Lösung vor!" (Kinder müssen klären, wie viele Personen sie für ihr Rollenspiel benötigen!)

Gruppe 3: „Schreibt auf, wie Kemal sein Problem hätte lösen können!"
Die Kinder stellen ihre Ergebnisse vor. Diese werden gemeinsam „beurteilt".

Zusammenfassend:
Während dieser inhaltlichen und gehaltlichen Texterschließung könnten folgende (differenzierte) Tafelbilder entstehen, die – angeregt durch die Textillustration – in der Form eines Comics gestaltet werden könnten:

Tafelbild 1 (Klasse 1)

Tafelbild 2 (Klasse 2)

3.4 Vertiefung

1. Standbild: Ein Kind stellt Kemal dar, ein anderes Peter mit erhobener Faust.
2. Standbild: Wie erstes, jedoch scharen sich Kinder um Kemal.

Peter und Kemal berichten von ihren jeweils unterschiedlichen Gefühlen:

1. Peter fühlt sich stark, Kemal ist kleiner.
2. Peter fühlt sich schwach, weil so viele zu Kemal halten.
3. Kemal fühlt sich schwach.
4. Kemal fühlt sich stark, weil andere Kinder zu ihm halten.

Impuls: „Kemal hat etwas gespürt!" (Erkenntnissatz an der Tafel: „Freunde ...")
Impuls: „Vielleicht habt ihr das auch schon einmal erfahren!"
Kinder berichten von eigenen Erlebnissen.

3.5 Ausklang

Lesen des Textes mit verteilten Rollen.
Einige Kinder spielen beim lauten Lesen die Szenen mit.
Vorspielen des Liedes „Menschenbrückenlied"

4. Weiterführung

– Gedicht „Kemal" (siehe S. 108)² besprechen
– Kunsterziehung: Mein Freund/meine Freundin und ich
– Ausfüllen der Sprechblasen auf dem Arbeitsblatt (Kopiervorlage), Ausmalen
– Comic „Kemal" zeichnen, texten (S. 110)
– Singspiel „Menschenbrückenlied" (siehe Kopiervorlage, S. 138)³ einstudieren
– Schulleben: Streitschlichter ausbilden und einsetzen, Versöhnungsgespräch führen.

---

1 Dazu heißt es z.B. im bayerischen Lehrplan:
„Die besondere Aufgabe der Grundschule besteht dabei in der Erkenntnis, dass Menschen und Kulturen in gleichberechtigter Weise nebeneinander und miteinander leben, dass man voneinander lernen kann und sich so gegenseitig bereichert..."
(Lehrplan 2000, Kapitel II A Bildungs- und Erziehungsaufgaben, Interkulturelle Erziehung – Miteinander und voneinander lernen, S. 15. Bayer. Staatsministerium für Unterricht und Kultus)

2 Lisa-Marie Blum: Kemal. Aus: Texte dagegen, hrsg. von Silvia Bartholt. Beltz Verlag, Weinheim und Basel 1993.
Zum Umgang mit Kindergedichten siehe: Oswald Watzke (Hrsg.): Gedichte in Stundenbildern, 1. Jahrgangsstufe (2., 3. und 4. Jahrgangsstufe). Auer Verlag, Donauwörth, 3. Aufl. 1999 ff.

3 D. Jöcker/R. Krenzer: Menschenbrückenlied. Aus: Solange die Erde lebt. Menschenkinder Musikverlag, Münster o. J.
Die Autoren machen folgenden Spielvorschlag:
„Ein Kreislied, das gegen die Angst und gegen all das, was um uns herum geschehen kann, gesungen wird. Wir nehmen uns an den Händen, legen die Arme um die Schultern, gehen eng bis zur Mitte des Kreises zusammen und wieder auseinander. Wir schreiten im Kreis, tanzen, laufen schnell, wobei wir uns gegenseitig stützen. Zum Schluss drehen wir uns um, sodass wir nach außen sehen. Wir fassen uns an den Händen, lassen sie dann los, um denjenigen, die vor uns stehen, die Hände zu reichen und sie mit in den Kreis hineinzuführen. So wird der Kreis immer größer."

Lesen   Name: Klasse: am:

Kemal

Kemal, mein Freund,
das ist einer!
Was er kann,
kann keiner.
Deutsch spricht er nicht viel.
Aber beim Fußballspiel:
Linksaußen!
Rechtsaußen!
Torwart, o Mann!
Es gibt keinen,
der das kann:
Kemal spricht
mit den Beinen.

Lisa-Marie Blum

Hinweise für die Freiarbeit:

1. Lest dieses Gedicht durch und sprecht darüber!
2. Umrahme den Namen des Freundes!
3. Unterstreiche rot vier Zeilen, die dir am besten gefallen!
4. Unterstreiche mit jeweils derselben Farbe die Reime, die zusammengehören.
5. Könnte Kemal auch dein Freund werden?
6. Male Kemal mit seinen Freunden beim Fußballspiel!

Lesen   Name: Klasse: am:

Kemal ist unser Freund
(Horst Bartnitzky)

Kemal

Peter

Tim
Kinder

Im Bildkästchen 4 geht die Geschichte weiter. Wie?

Freunde und Freundinnen sind _____ .

Wir sind _____ zueinander.

Lesen Name: Klasse: am:

Kemal ist unser Freund

(Horst Bartnitzky)

1 Kemal

2 Tim und Kinder

3 Peter

4 Klasse 2 und Tim

5

6

In den Bildkästchen 5 und 6 geht die Geschichte weiter. Wie?

Fülle die Lücken aus:

Freunde und Freundinnen sind _____ .

Wir sind _____ zueinander.

Wir wenden keine _____ an.

Ein schöner Tag

In der ersten Stunde war Rechnen an der Reihe. Malena hatte alle Hausaufgaben richtig gelöst. Das wusste sie genau, weil sie lange mit Mama geübt hatte, und die hatte zum Schluss gesagt, dass Malena nun alles verstanden hätte. Aber in der Klasse? An der Tafel? Sollte Malena es wagen, sich zu melden und
5 an der Tafel vorzurechnen? Ob Fräulein Lindberg sie überhaupt drannahm? Sie dachte bestimmt, Malena würde doch wieder alles falsch machen!
Malenas Herz klopfte. Sie wollte es trotzdem wagen. Sie hob den Arm.
„Malena", sagte Fräulein Lindberg, „rechne du uns diese Aufgabe einmal vor!"
Sie sprach mit einer alltäglichen Stimme, als ob es nichts Besonderes war, dass
10 Malena freiwillig an die Tafel ging.
Malena presste die Lippen zusammen. Sie wollte zeigen, dass sie es konnte. Die Kreide quietschte, und Pelle schwatzte am ersten Tisch. Irgendwo ließ einer einen Bleistift fallen. Doch Malena störte das alles nicht. Sie schrieb Zahlen und rechnete. Drei und vier wollten gerade wieder einmal acht werden, aber sie
15 wischte die Zahl schnell aus und änderte sie noch rechtzeitig.
„Das ist richtig!", sagte Fräulein Lindberg. „Du kannst dich setzen."
Sie war gar nicht erstaunt! Sie sagte nicht: „Malena! Du hast tatsächlich richtig gerechnet! Zum ersten Mal richtig!" Nein, sie hatte wohl eine richtige Antwort erwartet, und die stand nun auch an der Tafel.
20 Malena setzte sich auf ihren Platz und sah nicht hoch. Ihr Gesicht war noch heiß.
Eine ganz neue Freude war in ihr, die sie bis dahin noch nicht gekannt hatte.

Marita Lindquist

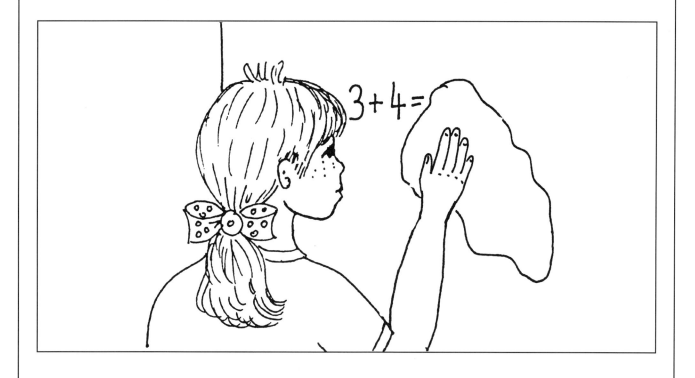

Marita Lindquist: Ein schöner Tag

1. Zur Sachanalyse

Es handelt sich um eine realistische Problemgeschichte zum existenziell bedeutsamen Thema „Erfolg und Versagen" in der Schule, das in gleicher Weise Kinder, Eltern und Lehrkräfte berührt.
Den Spannungsbogen von der Versagensangst über den Wagemut bis zur Erfolgsfreude baut die Autorin in sechs Stationen auf.

1. **Station (Z. 1–3):** Malena gewinnt Selbstbewusstsein („sie wusste") und Selbstvertrauen, weil sie mit Mamas Hilfe die Rechenhausaufgabe fleißig geübt und richtig gelöst hat.
2. **Station (Z. 4–6):** Zweifel an sich selbst und Angst, „wieder alles falsch" zu machen, befallen Malena in der Klasse.
3. **Station (Z. 7–10):** Malena fasst trotzdem Mut, sich zu melden und freiwillig an der Tafel vorzurechnen.
4. **Station (Z. 11–15):** Mit Entschlossenheit („sie presste die Lippen zusammen"), mit starkem (trotzigem) Willen („sie wollte zeigen, dass sie es konnte") und mit voller Konzentration („sie störte das alles nicht") rechnet sie alle Aufgaben richtig.
5. **Station (Z. 16–19):** Frau Lindberg, die Lehrerin, bestätigt die Richtigkeit der Rechnungen – ohne Erstaunen, wie erwartungsgemäß und selbstverständlich.
6. **Station (Z. 20–21):** Malena fühlt intensiv, dass Aufregung („ihr Gesicht war noch heiß") und Anspannung nachlassen und eine „ganz neue Freude" sie erfüllt.

2. Zur didaktischen Analyse

Diese Erfolgsgeschichte, in welche sich die Kinder der 2. Klasse sehr gut einfühlen können, ist eine Mut-mach-Geschichte. Malena, ihre Mutter und ihre Lehrerin sind positive Vorbilder. Sie leben vor, wie mit gegenseitiger Hilfe, in gegenseitigem Verständnis, durch Übung, Mut, Wille und Konzentration Erfolgsangst in Erfolgsfreude verwandelt werden kann. Malena, die kleine Heldin, ist bewunderns- und nachahmenswert.
Das Thema „Schule" ist mit den bipolaren Spannungen „richtig – falsch", „Lob – Tadel", „Mut – Verzweiflung", „Erfolg – Versagen", „Anerkennung – Verachtung", „Freude – Trauer" usw. für die Kinder von existenzieller Bedeutung. Sie sollen deshalb die Gelegenheit erhalten, sich über Malenas und über ihre eigenen Gefühle auszusprechen, über ihre schulische Situation in der Klassengemeinschaft zu reflektieren.
Methodische Wege hierzu sind die freie Aussprache (über eigene Schulerlebnisse), Clusterbildung (zu: „Ein schöner Schultag ist für mich, wenn …"), Bildergeschichte, Arbeitsblätter, Textmontage (jeweils mit eigenen Zeichnungen) und womöglich Freiarbeit (anhand der Übersicht „Textumgangsarten" auf S. 131 im Band „Märchen in 3/4").

Lernziele: Die Kinder sollen

1. Verlauf und Thema der Schulgeschichte erfassen,
2. sich in Situation und Gefühlswelt der Heldin hineinversetzen (Empathie!),
3. Erkennen, dass Übung, Konzentration, Wille und Mut zu Erfolg und Freude führen können,
4. Über ihre eigene Situation reflektieren und als Klassengemeinschaft gute Vorsätze fassen.

3. Zur Verlaufsplanung

3.1 Motivierung

Wortimpuls: „Ein schöner Tag" (TA), Brainstorming; Konkretisierung: Bildimpuls „Malena an der Tafel" (Textbild, mit Folienstift nachgezeichnet), Brainstorming, freie Aussprache über eigene Schulerlebnisse.
Vorlage für die Clusterbildung siehe S. 114!

3.2 Zielsetzung

Vorlesen der Ergebnisse, Stellungnahme …
Überleitung: Wie das Mädchen Malena einen schönen Tag in der Schule erlebte!

3.3 Textbegegnung

Ausdrucksstarkes Vorlesen durch die Lehrkraft mit Vermutungspausen („Wie fühlt sich Malena?") nach den Zeilen 6, 10, 15 und 19.

3.4 Texterschließung

Gelenktes Unterrichtsgespräch: Erarbeiten einer Kausalkette unter Einbeziehung der jeweils zutreffenden Textstellen: Malena ist unsicher, weiß manches nicht – sie übt zu Hause – sie wagt es, sich zu melden – sie rechnet an der Tafel richtig vor – Lehrerin ist zufrieden – Malena freut sich – alle Mühe hat sich gelohnt.
Alternative: Besprechung und differenzierter Einsatz der Arbeitsblätter bzw. Auswahl der Gruppenarbeiten (Anhang S. 131 in: „Märchen in 3/4". Donauwörth ³2004).

3.5 Textvertiefung

Warum rechnete Malena plötzlich richtig (Übung, Wille, Konzentration)? Was dachte und fühlte Malena nachher? Was kann uns die Geschichte sagen? Hast du schon Ähnliches erlebt? Erzähle!

Wie fühlt man sich, wenn man etwas nicht so gut kann wie andere? (Als Lehrer sollte man behutsam mit diesem Thema umgehen und evtl. auf Thema „Auto-Suggestion" eingehen: „Ich kann es, ich habe gelernt!")

3.6 Ausklang

Vortrag des Gesamttextes – Spielen der Geschichte – Erzählen zum Bild – Freies Schreiben (Bauplan: „Ein schöner Tag ist für mich, wenn …", evtl. auch als Hausaufgabe)

4. Zur Weiterführung

– Leseübung, Rollenlesen, Lesespiele (auch Lesetraining für leseschwache Kinder)
– Umgang mit Arbeitsblatt fortsetzen (Bildergeschichte: Stationen 2/3 und 5/6 ergeben je ein Bild. Die vier Bilder können auch ausgeschnitten und in einem Briefchen verteilt werden. Die Kinder setzen dann diese Bilder in der richtigen Reihenfolge zusammen und schreiben jeweils einen kurzen Satz und eine neue Überschrift dazu.)
– Briefchen für den „Klassen-Briefkasten" (Thema: „Mein schöner Schultag"/„Mein schlimmer Schultag" schreiben lassen (und auswerten)
– Programm für gegenseitige Hilfe entwickeln (Patenhilfe)
– Klassenlektüre z. B.: „Leselöwen Schulgeschichten" und „Leselöwen Trau-dich-Geschichten", vorgestellt von Helga Macht und Rudolf Bauer. In: Leselöwen Geschichten in der Grundschule, hrsg. von Hans Gärtner. Bindlach 1992
– eine Schulgeschichte als „Schul-Elfchen" schreiben (siehe Kopiervorlage auf S. 115). Siehe hierzu: Oswald Watzke (Hrsg.): Gedichte in Stundenbildern, 3. Jahrgangsstufe. Donauwörth ⁵2004, vgl. S. 102.

Tafelbild:

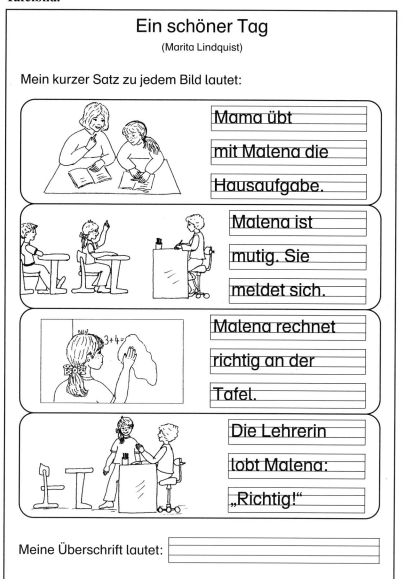

| Lesen | Name: | | Klasse: | am: |

Ein schöner Schultag ist für mich,

… wenn ich	
… wenn ich	
… wenn ich	
… wenn ich	

Ein schlimmer Schultag ist für mich,

… wenn ich	
… wenn ich	
… wenn ich	
… wenn ich	

Ich zeichne mich an einem _____ **Schultag.**

| Lesen | Name: | | Klasse: | am: |

Wir schreiben eine Schulgeschichte als Elfchen

Bauplan

Probe ☐

im Rechnen ☐

eine gute Note ☐

Ich bin sehr stolz ☐

Freude! ☐

☐

1. Lies dieses Gedichtchen!
   Zähle die Wörter pro Zeile!

2. Trage die Zahl in die Kästchen ein!
   Zähle zusammen!

3. Jetzt weißt du, warum dieses Gedichtchen _____ heißt.

Wir „basteln"

| gut gelungen |
| nur zwei Fehler |
| Diktat |
| Hurra! |
| Ich freue mich sehr |

1. Lies diese Streifen
   und schneide sie aus!

2. Klebe sie nach dem Bauplan
   1, 2, 3, 4 und 1 untereinander!

3. Lies jetzt das Gedichtchen vor
   und sprecht darüber!
   Gibt es zwei Lösungen?

Kannst du auch ein Schul-Elfchen schreiben?

Bauplan   **Mein Schul-Elfchen**

Ein Wort: _____

Zwei Wörter: _____

Drei Wörter: _____

Vier Wörter: Ich _____

Ein Wort: _____

Lesen Name: Klasse: am:

Ein schöner Tag
(Marita Lindquist)

Mein kurzer Satz zu jedem Bild lautet:

Meine Überschrift lautet:

Zusatzmaterial:

Illustrierte Text- und Arbeitsblätter als Kopiervorlagen

Vorbemerkungen

In den beiden Legendenmärchen **„Seitdem gibt es Schmetterlinge"** und **„Die Johannisbeere"** wird volkstümlich (ebenso wie in **„Das Muttergottesgläschen"** und **„Wie die Heckenrose entstanden ist"**) eine wundersame Entstehungsgeschichte erzählt.

Tafelanschrift
(Vorlage für die Arbeitsblätter 1 und 2):

Seitdem gibt es Schmetterlinge

Die Märchen- bzw. Legendenfiguren:
das kleine, kranke Mädchen
die anderen, gesunden Kinder
die liebe, arme Mutter
der liebe, gütige Gott

Das Wunder:
Die Stoff-Schleife wird ein Schmetterling.

Die Farben:
Gelb, dunkelblau, getupft, gestreift

Das gute Ende:
Das traurige Mädchen wird froh.

Wir erkennen:
Die Geschichte erzählt, wie Gott die Schmetterlinge geschaffen hat.

Im zweiten Text, der methodisch ähnlich wie die übrigen Legendenmärchen behandelt werden könnte, greift Gott indirekt und unsichtbar in das Geschehen ein und wirkt für Johannes den Täufer ein Wunder, indem er einen grünen Strauch über Nacht mit reifen Beeren ausstattet.

Die drei Fabeln werden als zusätzliche Beispiele einfacher und für die Altersstufe leicht verständlicher Formen angeboten. Im Mittelpunkt des Textumgangs stehen jedoch keinesfalls das Betrachten oder Herausarbeiten der formalen Merkmale, der abstrakten Lehre und der Zeit- und Gesellschaftskritik, sondern das kreative Lesen (Rollenlesen, Lesespiel), das Inszenieren (Dialog, Mimik, Gestik, Performance, evtl. mit Requisiten und Kostümen), das Arbeiten am Text (Markieren der Fabeltiere, der Rede und Gegenrede …), das Illustrieren (der Fabel-

Im ersten Teil tritt Gott der Schöpfer voller Güte selbst auf, um eine Stoffschleife in einen Schmetterling zu verwandeln, damit das kranke, traurige Mädchen froh werden kann.

Tafelanschrift
(Vorlage für das Arbeitsblatt):

Die Johannisbeere

1. Die Heiligen:
Johannes der Täufer
Gott der Herr

2. Das Wunder:
Der grüne Strauch hängt über Nacht voll schöner roter Beeren.

3. Die Bitte:
Johannes dankt und bittet Gott, diese Beeren für die Menschen reifen zu lassen.

Wir erkennen:
1. Die Geschichte erzählt, wie die Johannisbeere entstanden ist.
2. Die Legende erklärt, dass Gott Wunder wirken kann.

---

tiere, des Höhe- bzw. Wendepunkts), das Schreiben (Überschrift erfinden, Text kürzen, verlängern, umschreiben, umsetzen in einen Comic, neu schreiben …) und das Nachdenken (über parallele Situationen im Menschenreich, eigene Erfahrungen, menschliche Eigenschaften, Eigenheiten und Verhaltensweisen[1] …).

Mirko Hanák/Alfred Könner stellen in ihrer Versfabel **„Der Hahn und der Goldfasan"** ebenso wie Heinrich Seidel in seiner Versfabel **„Das Huhn und der Karpfen"** die menschliche Untugend der Angeberei der Tugend der Bescheidenheit gegenüber. Durch szenische Darstellungen und Umsetzungen in einen Comic können die Kinder die Dialogstruktur und den Sinn der sog. Lehre, menschliche Eigenschaften konträr aufzuzeigen, erahnen, vielleicht auch erfassen.

Tafelanschrift

Der Hahn und der Goldfasan		
1. Die Fabeltiere:		
der Hahn, der Goldfasan, die Hennen		
2. Die Eigenschaften:		
der Hahn	der Goldfasan	die Hennen
angeberisch	still	neugierig
stolz	bescheiden	urteilend
3. Die Folgen:		
der Hahn	der Goldfasan	die Hennen
einsam	bewundert	beeindruckt
4. Beispiele in der Klasse:		
„Ich bin der Beste!"		
„Ich bin die Schönste!"		
„Ich bin der Stärkste!"		

Tafelanschrift

Das Huhn und der Karpfen	
1. Die Fabeltiere:	
das Huhn, der Karpfen	
2. Die Eigenschaften:	
das Huhn	der Karpfen
laut	still
angeberisch	bescheiden
3. Die Folgen:	
„Viel Lärm …"	
4. Beispiele in der Klasse:	
„Ich …"	
„Ich …"	
„Ich …"	

Rudolf Hagelstange greift in seinem kurzepischen Fabeltext **„Die Katze und die Mäuse"** die Diskrepanz zwischen einem Vorschlag und seiner Ausführung, zwischen Idee und Tat, zwischen Theorie und Praxis also, auf. Da er eine Lösung nicht mitteilt, sollten die Kinder selbst eine finden, indem sie die in der Fabel gestellte Schlussfrage selbst zu beantworten versuchen. Arbeits- und Comicblatt können sie dazu anregen.

Ein Fabel-Quiz, mit drei Bildkästchen für die 1. und sechs für die 2. Klasse, soll zur Fabellektüre motivieren.

Im Umgang mit der Erzählung **„Ferien"** geht es um die Erfassung der beteiligten Personen, insbesondere der Hauptperson, der Abfolge und der Pointe des Witzes. Textmontage und Umsetzung des epischen Textes in eine comicspezifische Bildergeschichte können diese Texterfassung herbeiführen helfen.[2]

Die vier Sing- und Tanzspiele **„Die Bremer Stadtmusikanten"**, **„Vom Schlaraffenland"**, **„Menschenbrückenlied"** und **„Ich bin so gern bei dir"** ergänzen und vertiefen die betreffenden Stundenbilder. Sie können aber auch für sich allein zur Gestaltung des Leseunterrichts (in Bezug auf die Märchenlektüre), des fächerübergreifenden Unterrichts und des Schullebens beitragen.[3]

Die Textblätter können auch ohne die „Hinweise für die Freiarbeit" abgelichtet werden, damit die Kinder völlig ungebunden ihren Textumgang eigenständig und kreativ beraten, planen und ausführen können.

---

1 Oswald Watzke (Hrsg.): Fabeln in Stundenbildern, 3./4. Jahrgangsstufe. Donauwörth, 5. Aufl. 2003. Nach Klaus Doderer und Franz-Josef Payrhuber sind Fabeln einfachen Grades durchaus schon für eine 1./2. Klasse geeignet (falls Ziel und Methode kindgemäß sind). Franz-Josef Payrhuber: Fabel und Parabel im Deutschunterricht. In: Fabeln und Parabeln im fächerverbindenden Unterricht, hrsg. von Reinhard Dithmar. Ludwigsfelde 2002, vgl. S. 47–78.

2 Weitere Schmunzel- und Schwankgeschichten (über Eulenspiegel z.B.) finden sich in: Oswald Watzke (Hrsg.): Schwänke in Stundenbildern, 3./4. Jahrgangsstufe. Donauwörth 1999.

3 Die illustrierten Märchentexte und Unterrichtsvorschläge zu „Dornröschen", „Rotkäppchen" und der Themenplan „Märchenfeste" können entnommen werden aus: Oswald Watzke (Hrsg.): Märchen in Stundenbildern, 3./4. Jahrgangsstufe. Donauwörth, 3. Aufl. 2004.

Seitdem gibt es Schmetterlinge

Es war einmal ein kleines Mädchen, das war sehr krank. Es musste den ganzen Tag im Bett liegen und die Zimmerdecke anschauen. Oft war es darüber recht traurig, besonders dann, wenn es andere Kinder spielen hörte.
5 Dann schob manchmal die Mutter das Bettchen ans Fenster und ließ die Sonne darauf scheinen. Weil die Mutter aber arm war, konnte sie dem kleinen Mädchen kein Spielzeug kaufen. Das Einzige, was sie ihrem Kind schenken konnte, waren bunte Stoffreste, die vom
10 Nähen und Ausbessern übrig geblieben waren.

So lag das kleine Mädchen eines Tages am Fenster und hatte die Stofffetzchen in der Hand und weinte. Da geschah es, dass der liebe Gott selbst gerade Krankenbesuch machte und auch zu dem kleinen Mädchen kam.
15 Er setzte sich zu ihm, nahm ein Stoffrestchen, schnitt einen langen Streifen davon ab und band daraus eine Schleife. Die legte er auf die Zudecke in die Sonne. Das kleine Mädchen machte große Augen, denn mit einem Mal rührte sich das Ding und bewegte sich, als ob es
20 Flügel hätte. Und wirklich, es dauerte nicht lange, da war es durch das offene Fenster in die warme Luft geflogen. Und der liebe Gott band noch gelbe und dunkelblaue, getupfte und gestreiflte, bis das kleine Mädchen müde wurde und einschlief. Dann ging er wieder.

25 Seitdem gibt es Schmetterlinge und oftmals hat sich noch einer auf das Bett eines kleinen, kranken Mädchens gesetzt und es froh gemacht.

Dolores Travaglini

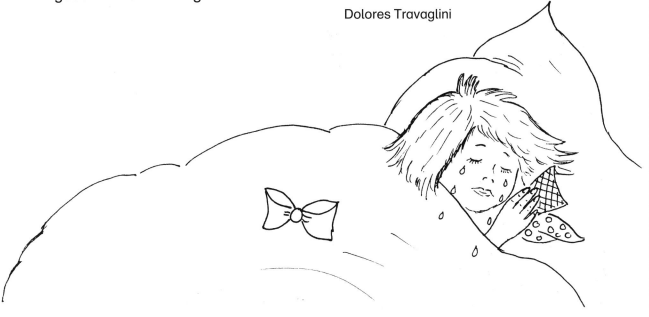

Lesen   Name: Klasse: am:

Seitdem gibt es Schmetterlinge
(Dolores Travaglini)

Diese Geschichte ist wie ein Märchen.

1. Ihr könnt dieses Märchen lesen, vorlesen oder erzählen.
2. Ihr könnt die Märchen-Figuren verschiedenfarbig umrahmen.
   Schreibe die vier wichtigsten heraus!

3. Habt ihr das Märchen-Wunder erkannt?

   Die Stoff-Schleife wird ein

4. Die Farben der Schmetterlinge sind sehr schön!

   Welche Farben gefallen euch am besten?

5. Wie fühlt sich das Mädchen am Anfang?

   Wie fühlt sich das Mädchen am Ende?

Hinweise für die Freiarbeit:

1. Wir basteln bunte Schmetterlinge.
2. Wir bereiten ein Märchenspiel (mit Musik) vor.
3. Wir lesen in einem Märchen- oder Legendenbuch.

Die Johannisbeere

Scheint die Sonne im Sommer lang und heiß, dann reifen frühzeitig die Beeren. Zu den ersten gehört die Johannisbeere. Wie diese entstanden ist, erzählt folgende Geschichte:
Johannes der Täufer lebte am Fluss Jordan und predigte und taufte.
5 Er hat auch unseren Heiland Jesus getauft.
Einst kam er müde vom weiten Weg in ein ödes Tal. Die Sonne brannte heiß vom Himmel. Hunger und Durst quälten den frommen Wanderer. Aber da war kein Baum mit Schatten, keine Frucht, keine Quelle, weit und breit auch kein Haus. Endlich sah er doch einen
10 grünen Strauch. Ermattet legte er sich in seinen Schatten und schlief bald ein.
Der Strauch neigte sich in der Nacht tief über den Schläfer und schützte ihn vor der kalten Luft. Als Johannes am Morgen erwachte, wie erstaunte er da! Der Strauch, unter dem er geschlafen hatte, hing
15 voll schöner roter Beeren. Johannes aß davon. Sie schmeckten gut, löschten seinen Durst und sättigten ihn. Für diese Hilfe in der Not dankte er Gott, dem Herrn, und bat ihn, jedes Jahr diese Beere für die Menschen reifen zu lassen. Seither reift sie in jedem Sommer als Johannisbeere.

Ludwig Reinhard

Lesen Name: Klasse: am:

Die Johannisbeere

(Ludwig Reinhard)

Male Jesus dazu!

**Lies diese Geschichte mehrmals und genau durch!
Du weißt nun Folgendes:**

1. Die Namen von zwei Heiligen werden genannt:

2. Das Wunder wird beschrieben:

3. Johannes bittet Gott um Hilfe:

Wir erkennen:

1. Die Legende erzählt, wie die _____ entstanden ist.

2. Die Legende erklärt, dass Gott ein _____ wirken kann.

Der Hahn und der Goldfasan

„Niemand ist so schön wie ich!"
krähte auf dem Mist der Hahn.
Flog herbei ein Goldfasan.
Er schritt einmal auf und nieder,
5 herrlich glänzte sein Gefieder.
Alle Hennen sagten: „Ah!"
Einsam stand der Schreihals da.

Mirko Hanák und Alfred Könner

Der Hahn und der Goldfasan

1. Lest den Text noch einmal durch und sprecht über den Inhalt!

2. Umrahmt im Text mit verschiedenen Farben die Fabeltiere! Schreibt die Tiere auf, die in der Fabel vorkommen:

3. Unterstreicht im Text die Rede des Hahns und schreibt sie heraus:

4. Warum wohl sagen die Hennen nur „Ah!"? Warum wohl schweigt der Goldfasan? Sprecht darüber!

5. Kennt ihr Menschen, die sich wie Fabeltiere benehmen? Erzählt!

6. Was würdest du als Goldfasan sagen?

7. Ihr könnt diese Fabel mit verteilten Rollen lesen, als Personenspiel oder als Schattenspiel gestalten.

8. Denkt euch eine Antwort des Hahns aus, auch eine Antwort des Goldfasans und eine längere Rede der Hennen! Spielt diese Reden!

Lesen   Name: Klasse: am:

Der Hahn und der Goldfasan

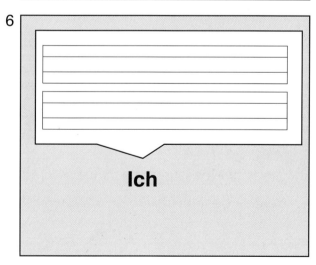

Ich

1. Schreibe die Reden der Fabeltiere in die Sprechblasen!
2. Für die Bildkästchen 2, 4 und 5 kannst du selbst eine Rede erfinden.
3. Die Rede im Bildkästchen 3 kannst du verlängern.
4. In das Bildkästchen 6 kannst du deine eigene Meinung schreiben.

Das Huhn und der Karpfen

Auf einer Meierei*,
Da war einmal ein braves Huhn,
Das legte, wie die Hühner tun,
An jedem Tag ein Ei
5 Und kakelte,
Mirakelte, spektakelte,
Als ob's ein Wunder sei!

Es war ein Teich dabei,
Darin ein braver Karpfen saß
10 Und stillvergnügt sein Futter fraß,
Der hörte das Geschrei:
Wie's kakelte,
Mirakelte, spektakelte,
Als ob's ein Wunder sei!

15 Da sprach der Karpfen: Ei!
Alljährlich leg ich 'ne Million
Und rühm mich des mit keinem Ton:
Wenn ich um jedes Ei
So kakelte,
20 Mirakelte, spektakelte –
Was gäb's für ein Geschrei!

Heinrich Seidel

---
* Meierei: Gutshof

Lesen Name: Klasse: am:

Das Huhn und der Karpfen

(von Heinrich Seidel)

Auf einer Meierei*,
Da war einmal ein braves Huhn,
Das legte, wie die Hühner tun,
An jedem Tag ein Ei
5 Und kakelte,
Mirakelte, spektakelte,
Als ob's ein Wunder sei!

Es war ein Teich dabei,
Darin ein braver Karpfen saß
10 Und stillvergnügt sein Futter fraß,
Der hörte das Geschrei:
Wie's kakelte,
Mirakelte, spektakelte,
Als ob's ein Wunder sei!

15 Da sprach der Karpfen: Ei!
Alljährlich leg ich 'ne Million
Und rühm mich des mit keinem Ton:
Wenn ich um jedes Ei
So kakelte,
20 Mirakelte, spektakelte –
Was gäb's für ein Geschrei!

*Gutshof

Anregungen für die Text-Arbeit.

Lies dieses Gedicht still und aufmerksam durch!

1. Markiere dann die beiden Fabeltiere (mit Braun und Blau)!
2. Unterstreiche die lautmalerischen Wörter (in den Versen 5/6, 12/13, 19/20) mit Rot! Schreibe sie auf:

3. Unterstreiche die Wörter, die sich reimen, mit denselben Farben!
4. Mit welchen Eigenschaften leben Menschen, die sich wie diese zwei Fabeltiere verhalten?

Lest diese Vers-Fabel laut vor:
1. wie eine Schauspielerin oder ein Schauspieler,
2. einzeln und im Chor (mit Orff-Instrumenten)!

Die Katze und die Mäuse

Die Mäuse, die von einer Katze sehr geplagt wurden, berieten in einer Versammlung, wie sie sich ihres gefährlichen Feindes besser erwehren könnten.

5 Eine junge Maus glaubte, die Lösung des Problems gefunden zu haben. „Wenn die Katze", sagte sie, „um den Hals ein Glöckchen trüge, würde dieses bei jedem Schritt ertönen und uns warnen, sodass wir genügend Zeit

10 hätten, ungefährdet unsere Behausung zu erreichen."

Das sei eine vortreffliche Idee, lobten die anderen Mäuse – bis auf eine, die meinte: „Der Vorschlag ist wirklich ausgezeichnet.

15 Aber wer von uns wird der Katze das Glöckchen umhängen?"

Rudolf Hagelstange

Lesen   Name: Klasse: am:

Die Katze und die Mäuse

1. Lest den Text noch einmal durch und sprecht über den Inhalt!

2. Umrahmt im Text mit verschiedenen Farben die Fabel-Tiere! Schreibt die Tiere auf, die in der Fabel vorkommen:

3. Unterstreicht im Text die Rede der jungen Maus grün und die Rede der älteren Maus blau!

4. Kennt ihr Menschen, die so wie die junge oder die ältere Maus reden? Erzählt davon!

5. Unterstreicht im Text die wichtige Frage rot (Zeile 15–16)! Schreibt sie auf:

6. Findet ihr eine Antwort auf diese wichtige Frage? Schreibt sie auf:

7. Ihr könnt diese Fabel mit verteilten Rollen lesen, als Personen-Spiel oder als Schatten-Spiel gestalten (mit eurer eigenen Antwort auf die wichtige Frage).

Lesen   Name: Klasse: am:

Die Katze und die Mäuse

1

2

3

4

5

6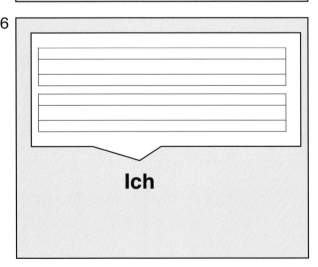

Ich

1. Schreibe die Reden der Fabeltiere in die Sprechblasen!
2. Für die Bildkästchen 1, 2 und 5 kannst du selbst eine Rede erfinden.
3. Die Rede in den Bildkästchen 3 und 4 musst du kürzen.
4. In das Bildkästchen 6 kannst du deine eigene Meinung schreiben.

Lesen Name: Klasse: am:

Fabel-Quiz

1. Erkennst du diese Fabeltiere? Schreibe ihre Namen neben die Bilder!

2. Hast du Lust, selbst so ein Fabel-Quiz herzustellen?
3. Wollt ihr euch eine Fabel vorlesen, erzählen oder vorspielen?
4. Gibt es in eurer Leseecke ein Fabel-Buch?

Fabel-Quiz

1. Erkennst du diese Fabeltiere? Schreibe ihre Namen unter die Bilder!

2. Hast du Lust, selbst so ein Fabel-Quiz herzustellen?
3. Wollt ihr euch eine Fabel vorlesen, erzählen oder vorspielen?
4. Gibt es in eurer Leseecke ein Fabel-Buch?

Ferien

Es war ein schöner Sommertag. Wenn auch die Sonne nicht geschienen hätte, er wäre doch schön gewesen.
Warum?
Nun, die Jungen und Mädchen kamen aus der Schule ge-
5 stürmt, sie riefen: „Hurra, Ferien!" Und Ferien sind doch immer schön. Nicht wahr?
Nur der kleine Hans stand mitten auf der Straße und weinte.
Da kam ein Mann vorbei. Er blieb stehen und fragte: „Was hast du denn, mein Junge? Warum weinst du?"
10 „Mein Bruder und meine Schwester haben Ferien gekriegt und ich habe keine."
„Warum hast du denn keine Ferien? Du bist wohl nicht artig gewesen?"
„Doch, ganz artig! Aber ich gehe noch nicht zur Schule!"

Otto Scholz

„… und ich habe keine!"

| Lesen | Name: | | Klasse: | am: |

Ferien

(von Otto Scholz)

Es war ein schöner Sommertag. Wenn auch die Sonne nicht geschienen hätte, er wäre doch schön gewesen.
Warum?

„Mein Bruder und meine Schwester haben Ferien gekriegt und ich habe keine."

„Warum hast du denn keine Ferien? Du bist wohl nicht artig gewesen?"

Nun, die Jungen und Mädchen kamen aus der Schule gestürmt, sie riefen: „Hurra, Ferien!" Und Ferien sind doch immer schön. Nicht wahr?

Nur der kleine Hans stand mitten auf der Straße und weinte. Da kam ein Mann vorbei. Er blieb stehen und fragte: „Was hast du denn, mein Junge? Warum weinst du?"

„Doch, ganz artig! Aber ich gehe noch nicht zur Schule!"

Anregungen für die Text-Arbeit:

1. Lies diesen Text! Du merkst, die Abschnitte sind durcheinander.
2. Kannst du die richtige Reihenfolge herstellen?
3. Schneide die Streifen aus, klebe sie auf und vergleiche!
4. Umrahme die Personen mit verschiedenen Farben!
5. Kannst du ihre Reden mit derselben Farbe unterstreichen?
6. Schreibe hier den Satz auf, der die Geschichte witzig macht!

7. Jetzt könnt ihr diese Geschichte gut mit verteilten Rollen vorlesen und vorspielen.
8. Ihr könnt diese lustige Geschichte auch als Comic zeichnen und texten.

Ferien

Aus dieser Geschichte machen wir einen Comic.
Wir lesen die Sprechblasen. Welche Personen sprechen hier?
Wir zeichnen die Personen als Comic-Figuren.

Hurra, Ferien!	Schluchz, schluchz!
Warum weinst du?	Bruder und Schwester haben Ferien und ich habe keine!
Warum? Du bist wohl nicht artig gewesen?	Doch …! Aber ich gehe noch nicht zur Schule!

Wir erfinden eine neue Überschrift. Unser Comic heißt:

Die Bremer Stadtmusikanten

Text u. Melodie: Hans Poser
Fidula Verlag, Boppard

2. Wir sind die wohlbekannten, lustigen Bremer Stadtmusikanten!
   (Esel:) Muss mich plagen, Säcke tragen und darf niemals müßig sein.
       Doch in Bremen soll das Leben lustig sein.
   (Im Wechsel:) I – a, wauwau, i – a, wauwau, miau, kikrikie!

3. Wir sind die wohlbekannten, lustigen Bremer Stadtmusikanten!
   (Hund:) Muss stets bellen, Räuber stellen und darf niemals schläfrig sein.
       Doch in Bremen soll das Leben lustig sein.
   (Im Wechsel:) I – a, wauwau, i – a, wauwau, miau, kikrikie!

4. Wir sind die wohlbekannten, lustigen Bremer Stadtmusikanten!
   (Katze:) Muss mich plagen, 's Mäuslein jagen und wär es auch noch so klein.
       Doch in Bremen soll das Leben lustig sein.
   (Im Wechsel:) I – a, wauwau, i – a, wauwau, miau, kikrikie!

5. Wir sind die wohlbekannten, lustigen Bremer Stadtmusikanten!
   (Hahn:) Muss mich schinden und verkünden schon den ersten Sonnenstrahl.
       Doch in Bremen soll das Leben lustig sein.
   (Im Wechsel:) I – a, wauwau, i – a, wauwau, miau, kikrikie! (Strophe 6 wie 1!)

Hinweise für die Freiarbeit:

1. Unterstreicht farbig die Namen der Märchentiere!
2. Unterstreicht mit denselben Farben ihre Reden!
3. Lest nun dieses Märchengedicht mit verteilten Rollen!
4. Übt nun dieses Märchenlied als Singspiel ein!
   Achtet dabei auf: Chor, Solisten, Wechselgesang, Kostüme usw.
5. Malt die Bremer Stadtmusikanten!

Vom Schlaraffenland

Text: August Heinrich Hoffmann
von Fallersleben (1798–1874)
Melodie: Volksweise

Kommt, wir wollen uns begeben jetzo ins Schlaraffenland.
Seht, da ist ein lustig Leben und das Trauern unbekannt!
Seht, da lässt sich billig leben und umsonst recht lustig sein,
Milch und Honig fließt in Bächen, aus dem Felsen quillt der Wein.

Ihr könnt dieses Märchenlied mit allen vier Strophen singen (und vielleicht auch mit Musikinstrumenten begleiten).
Ihr könnt dieses Märchenlied auch zu einem Singspiel ausgestalten.

Malt euch hier im Schlaraffenland!

Menschenbrückenlied

Text: Rolf Krenzer
Musik: Detlev Jöcker

1. Gemeinsam hier in unserm Kreis kann jeder jeden sehn und jeder sieht und jeder weiß, dass wir zusammenstehn. Lai lai lai lai lai lai lai lai lai lai lai lai lai lai und jeder sieht und jeder weiß, dass wir zusammenstehn.

2. Wir reichen uns die Hände dann
und können sicher sein:
Fasst einer nur den andern an,
ist keiner mehr allein.

3. Wir stehen nicht mehr alleine hier
und jeder spürt es bald:
Auf beiden Seiten finden wir
im andern unsern Halt.

4. Fühl ich mich schwach und hoffnungslos,
so halt ich dich doch fest.
Wir werden stark, wenn einer bloß
den andern nicht verlässt.

5. Wenn so ein Stück der Angst vergeht,
weil jeder jeden schützt,
dann weiß ich, dass ein Bund entsteht,
der hält und der mich schützt.

6. Wenn immer mehr zusammengehen,
ist keiner mehr allein.
Der alte Bund kann so bestehen
und neuer Anfang sein.

Aus: Solange die Erde lebt.
Menschenkinder Musikverlag, Münster

Hinweise für die Freiarbeit:

1. Wir lesen den Text und sprechen darüber!
2. Wir hören die Melodie und singen dieses Lied.
3. Wir überlegen uns Begleitinstrumente.
4. Wir denken uns Tanzschritte aus.
5. Wir üben dieses Lied als Singspiel ein und führen es während einer Schulfeier auf.

Ich bin so gern bei dir

Text: Rolf Krenzer
Musik: Ludger Edelkötter

Ich bin so gern bei dir! Ich bin so gern bei dir! Drum ge-he ich jetzt auf dich zu, dann bist du nah bei mir, dann bist du nah bei mir!

2. Ich geb dir meine Hand.
   Ich geb dir meine Hand.
   Und wenn wir zwei
   zusammenstehn,
   dann sind wir gleich bekannt,
   dann sind wir gleich bekannt!

3. Ich geb dir meinen Arm.
   Ich geb dir meinen Arm.
   Und wenn wir zwei
   zusammen gehen,
   dann wird es mir ganz warm,
   dann wird es mir ganz warm!

4. Komm, leg den Arm um mich!
   Komm, leg den Arm um mich!
   Und wenn wir zwei
   zusammen gehn,
   weißt du, dann freu ich mich,
   weißt du, dann freu ich mich!

   So tanze ich mit dir.
   Und so tanzt du mit mir.
   Und alle Leute,
   die das sehn,
   die machen's so wie wir,
   die machen's so wie wir!

(Impulse-Musikverlag Drensteinfurt)

Hinweise für die Freiarbeit:

1. Lies den Lied-Text still für dich (oder mit einem Partner)!
   Markiere **ich** mit Rot, **du** mit Grün, **wir** mit Orange!
   Umrahme in jeder Strophe die für dich wichtigste Zeile!
   Umrahme in jeder Strophe mit Blau die für dich wichtigsten drei Wörter!

2. Lest den Lied-Text laut vor!
   Wechselt euch dabei ab: Vorsprecher, Vorsprecherin, Chor!
   Lernt den Text auswendig und sprecht ihn im Kreis!
   Beim Sprechen könnt ihr die Handlung darstellen.

3. Übt mit eurer Lehrerin oder eurem Lehrer die Melodie ein!
   Gestaltet gemeinsam ein Sing- und Tanzspiel!

4. Schreibe hier die zwei Zeilen auf, die für dich am wichtigsten sind!

Kurzbiografien der Erzählerinnen und Erzähler

Äsop
Aisopos von Sardes, 6. Jahrhundert vor Christus, freigelassener Sklave, Berater des Königs Krösus, sagenhafter griechischer Fabeldichter, dessen Fabeln weitererzählt und bearbeitet wurden, z. B. von Babrios (im 1./2. Jahrhundert nach Christus).

Bartnitzky, Horst
Daten nicht zu ermitteln.

Blum, Lisa-Marie
geb. am 3. 10. 1911 in Bremerhaven, Schriftstellerin, Malerin, Kinder- und Jugendbuchautorin.
Werke u. a.: „Das geheimnisvolle Karussel" (1959), „Der kleine Fuchs kann fliegen und andere Rätselgedichte" (1974), „Hamburg liegt nicht am Meer" (1978).

Bolliger, Max
geb. am 23. 4. 1929 in Glarus (Schweiz), lebt in Adliswil bei Zürich, Lehrer, Heilpädagoge, bekannt als Kinderlyriker und Kinder- und Jugendbuchautor.
Werke u. a.: „Gedichte" (1953), „Tannwald" (Jugendbuch 1962), „Josef" (1967), „Marios Trompete" (1968), „Der goldene Apfel" (1970), „Peter, der winzige Stern" (1791); „Stummel" (Gutenachtgeschichten, 1986).

Edelkötter, Ludger
geb. 1940, Studium der Musikpädagogik und Orchestermusik, ein sehr bekannter Kinderliedermacher, lebt im Münsterland.
Werke u. a.: „Der Sommer schmeckt wie Himbeereis" (Text: Jutta Richter), „Mit Kindern unsere Umwelt schützen", „Die kleine Raupe Nimmersatt", „Leben" (IMP 1023), „Weil du mich so magst" (IMP 1036).

Faber du Faur, Irmgard
geb. 1894 in München, gest. 1955 in Rüschlikorn bei Zürich. Schriftstellerin, Pädagogin, Kinderbuchautorin.
Werke u. a.: „Kind und Welt". Ein Buch für Kinder (1929, NA unter dem Titel „Liebe Welt". Ein Buch für Kinder, 1958), „Die rote Mütze" (1949), „Die große Reise" (1953).

Fontaine, Jean de La
geb. 8. 7. 1621 in Château-Thierry, gest. 14. 4. 1695 in Paris. Französischer Fabeldichter.
Werke u. a.: „Le songe de Vaux" (1665), „Fables" (1668–1694).

Grimm, Brüder
Jakob Grimm, geb. am 4. 1. 1785 in Hanau, gest. am 20. 9. 1863 in Berlin; Wilhelm Grimm, geb. am 24. 2. 1786 in Hanau, gest. am 16. 12. 1859 in Berlin, Sprach- und Kulturwissenschaftler, Märchensammler.
Werke u. a.: „Kinder- und Hausmärchen" (Bd. 1 1812, Bd. 2 1815, Bd. 3 1822), „Deutsche Sagen" (Bd. 1 1816, Bd. 2 1818, NA 1965), „Kinder- und Hausmärchen. Kleine Ausgabe" (1825), „Irische Elfenmärchen" (1826). W. Grimm (Übersetzung): „Altdänische Heldenlieder, Balladen und Märchen" (1829). „Märchen aus dem Nachlass der Brüder Grimm", hrsg. von Heinz Rölleke. Bonn, 3. Aufl. 1983. „Die wahren Märchen der Brüder Grimm", hrsg. von Heinz Rölleke. Frankfurt a. M. 1989.

Hagelstange, Rudolf
Geb. 1912 in Nordhausen/Harz, gest. 1984 in Hannover. Bekannter Schriftsteller.
Werke u. a.: „Mein Blumen-Abc" (1949), „Strom der Zeit – Gedichte" (1948), Lyrik: „Venezianisches Credo" (1946), Romane: „Spielball der Götter" (1959).

Hoffmann von Fallersleben, August Heinrich
geb. 1798 in Fallersleben bei Lüneburg, gest. 1874 auf Schloss Corvey bei Höxter an der Weser. Theologe, Germanist, Erforscher des Volksliedes, Bibliothekar, Verfasser beliebter Kinderlieder (z. B.: „Alle Vögel sind schon da", „Winter, ade", „Kuckuck, Kuckuck …").
Werke u. a.: „Reineke Fuchs" (1834), „Fünfzig Kinderlieder" (1843), „Hundert Schul-Lieder" (1848), „Vaterlandslieder" (1871). „Gesammelte Werke in 8 Bänden" (1890–1893), Lied der Deutschen: „Deutschland, Deutschland über alles" (1841).

Jöcker, Detlev
geb. 1951 in Münster, Musikstudium in Münster, schreibt, singt und tanzt Kinderlieder, „Botschafter des deutschen Kinderliedes" im Auftrag des Goethe-Institutes, seit 1999 sehr erfolgreicher Kinderliedermacher (Live-Konzerte).
Werke u. a.: „1, 2, 3 im Sauseschritt", „Der Regenbogenfisch", „Kinderträumeland", „Singemaus-Tour".

Klein, Richard Rudolf
geb. 21. 5. 1921, Studium der Musikerziehung, Musiklehrer in Detmold, Professor in Frankfurt.
Werke u. a.: Werke für Akkordeon, Kinderlieder.

Könner, Alfred
geb. am 2. 12. 1921 in Altschalkendorf bei Oppeln, Soldat, Kriegsgefangenschaft, Land-, Transport- und Bauarbeiter, Studium der Pädagogik, Assistent, Lektor, Erzähler, Lyriker und Übersetzer, lebt in Berlin.
Werke u. a.: „Wer wie was wo in Wald und Feld" (1972), „Das Apfelsinenmädchen" (1986), „Denn sie hatten ihn gern" (1988), „Der Elefant ist groß" (1988).

Korschunow, Irina
geb. 1925 in Stendal/Sachsen, Journalistin, Feuilletonistin, Kinder- und Jugendbuchautorin, lebt in München.
Werke u. a.: „Der bunte Hund, das schwarze Schaf und der Angsthase" (1958), „Heiner und die roten Schuhe" (1964), „Schwuppdiwupp mit der Trompete" (1965),

„Die Wawuschels mit den grünen Haaren" (1967), „Duda mit den Funkelaugen" (1971), „Niki-Geschichten" (1968 ff.), „Ein Auto ist kein Besenstiel" (1974), „Töktök und der blaue Riese" (1975), „Die Sache mit Christoph" (1978), „Ein Anruf von Sebastian" (1981), „Hanno malt sich einen Drachen" (Tb. 1987), „Er hieß Jan" (dtv 7823), Romane für Erwachsene.

Krenzer, Rolf
geb. am 11. 8. 1936 in Dillenburg, Sonderschulrektor und bekannter Kinderbuchautor und Kinderlyriker.
Werke u. a.: „Helfer in der Not" (1966), „Kommt alle her! Spiellieder für behinderte Kinder" (1975), „Thomas und der Vogel" (1979), „Theaterspielbuch" (1979), „Mit Kindern unsre Umwelt schützen. Liederbuch und 2 Kassetten" (1990) u. a. Werke.

Lindgren, Astrid
geb. am 14. 11. 1907 in Näs bei Vimmerby/Småland, gest. am 28. 1. 2002 in Stockholm, vielfach preisgekrönte schwedische Kinder- und Jugendbuchautorin (z. B. 1978: Friedenspreis des Deutschen Buchhandels, 1994: Alternativer Nobelpreis).
Werke u. a.: „Meisterdetektiv Blomquist" (deutsch: 1950), „Pippi Langstrumpf" (deutsch: 1949), „Karlsson vom Dach" (deutsch: 1957), „Die Brüder Löwenherz" (deutsch: 1974), „Die Kinder aus der Krachmacherstraße" (1957), „Lotta zieht um" (1962), „Emil in Lönneberga" (1963 ff.; dt.: „Michel in der Suppenschüssel", 1964, „Michel muss mehr Männchen machen", 1966, „Michel bringt die Welt in Ordnung", 1970), „Madita und Pims" (1967), „Ronja, Räubertochter" (1982), „Märchen" (1989), „Mio, mein Mio" (1989).

Lindquist, Marita
Daten nicht zu ermitteln.

Poser, Hans
Daten nicht zu ermitteln.

Reinhard, Ludwig
Daten nicht zu ermitteln.

Scholz, Otto
Daten nicht zu ermitteln.

Seidel, Heinrich
geb. 25. 6. 1842 in Perlin/Mecklenburg, gest. 7. 11. 1906 in Berlin, Schriftsteller, Kinderlieddichter.
Werke u. a.: „Allerlei Kindergedichte" (1884), „Der Besuch in Berlin – Bilderbuch" (1888), „Kinderlieder und Geschichten" (1903), „Von Berlin nach Berlin. Aus meinem Leben" (1903).

Travaglini, Dolores
Daten nicht zu ermitteln.

Zaunert, Paul
geb. 1879 in Bielefeld, gest. 1959 in Kassel.

Quellenverzeichnis

Stundenbilder:

S. 5 Brüder Grimm: Die Bremer Stadtmusikanten, nacherzählt vom Hrsg. (angelehnt an Erika Kunschak: Frohes Lernen. Ausgabe Bayern 2. Teil. Stuttgart 1982)

S. 9 Volksgut aus Russland: Das Rübenziehen. Russische Volksmärchen, übersetzt von Xaver Schaffgotsch. Hamburg u. München 1964

S. 13 Brüder Grimm: Der süße Brei. Grimms Märchen. Gesamtausgabe mit Bildern von Ludwig Richter. Erlangen o. J.

S. 18 Volksgut: Das Mädchen und die Schlange: Aus: Mein Lesebuch für das 2. Schuljahr. München 1967

S. 22 August Heinrich Hoffmann von Fallersleben: Vom Schlaraffenland. Aus: Kinderlieder, hrsg. v. Donop. Leipzig 1877

S. 26 Brüder Grimm: Die Sterntaler. Grimms Märchen. Gesamtausgabe mit Bildern von Ludwig Richter. Erlangen o. J.

S. 34 Volksgut (Text und Lieder): Der heilige Martin. Eine Bildergeschichte von Peter Högler. Originalbeitrag

S. 39 Volksgut: Bischof Nikolaus, nacherzählt von Günter Krönert. Originalbeitrag. Nikolauslied: Volksgut aus dem Hunsrück

S. 44 Volksgut: Die heilige Elisabeth, nacherzählt von Günter Krönert. Originalbeitrag. Elisabeth-Lied aus: Gotteslob Nr. 893 u. 894 (Anhang Osnabrück). Melodie Nr. 608

S. 48 Volksgut: Das Muttergottesgläschen. Nacherzählung aus: Brüder Grimm: Kinder- und Hausmärchen. München 1962

S. 53 Max Bolliger: Der heilige Franziskus predigte den Vögeln. Aus: Euer Bruder Franz. Ravensburger Tb. 896. Ravensburg 1984

S. 58 Volksgut: Wie die Heckenrose entstanden ist. Aus: Mein Lesebuch für das 2. Schuljahr. München 1967

S. 65 Brüder Grimm: Der Hase und der Igel, nacherzählt von Oswald Watzke. Originalbeitrag

S. 71 Volksgut aus Russland: Die Elster und der Rabe, nacherzählt von Günter Krönert, Originalbeitrag

S. 76 Äsop: Der Löwe und der Fuchs. Aus: Wir lesen, 2. Schuljahr. München 1970

S. 80 Jean de La Fontaine: Der Esel und der Hund. Nach: J. D. La Fontaine: Die Fabeln. Gesamtausgabe, hrsg. v. R. Mayr. Düsseldorf 1964

S. 86 Irmgard von Faber du Faur: Bitte. Aus: Liebe Welt. 1958, © Verlag Sauerländer

S. 90 Irina Korschunow: Maria ist allein. Aus: Stadtgeschichten. Bayreuth 1976

S. 95 Paul Zaunert: Die fünf Handwerksburschen. Aus: Deutsche Märchen seit Grimm. Band 1. Jena 1927

S. 99 Astrid Lindgren: April, April! Aus: Mehr von uns Kindern aus Bullerbü. Hamburg 1964

S. 104 Horst Bartnitzky: Kemal ist unser Freund. Aus: Ein Tag mit Timi. Stuttgart 1984

S. 108 Lisa-Marie Blum: Kemal. Aus: Texte dagegen, hrsg. von Silvia Bartholt. Beltz Verlag, Weinheim und Basel 1993.

S. 111 Marita Lindquist: Ein schöner Tag. Aus: Malena kommt zur Schule. Berlin 1970

Zusatzmaterial:

S. 119 Dolores Travaglini: Seitdem gibt es Schmetterlinge. „… da fällt herab ein Träumelein", hrsg. v. D. Travaglini. Donauwörth 1969[2]

S. 121 Ludwig Reinhard: Die Johannisbeere. Aus: Mein Lesebuch für das 2. Schuljahr. München 1967

S. 123 Mirko Hanák/Alfred Könner: Der Hahn und der Goldfasan. Aus: Frohes Lernen 2. Teil: Ausgabe Bayern. Stuttgart 1989

S. 126 Heinrich Seidel: Das Huhn und der Karpfen. Kindergedichte, ausgewählt von Edith Harries. Ravensburg 1978

S. 128 Rudolf Hagelstange: Die Katze und die Mäuse. Fabeln von Aesop, nacherzählt von Rudolf Hagelstange. Ravensburg 1982

S. 133 Otto Scholz: Ferien. Thienemanns Schatzkästlein, hrsg. von Gerda Mönninghoff-Scholz. Stuttgart 1956

S. 136 Hans Poser: Die Bremer Stadtmusikanten. Text und Melodie aus: Märchenlieder. Fidula Verlag, Boppard o. J.

S. 137 Märchenlied: Vom Schlaraffenland. Melodie: Volksweise. Text siehe S. 22

S. 138 D. Jöcker/R. Krenzer: Menschenbrückenlied. Aus: Solange die Erde lebt. Menschenkinder-Musikverlag. Münster o. J.

S. 139 Rolf Krenzer/Ludger Edelkötter: Ich bin so gern bei dir. Aus: Weil du mich so magst/ Wir sind Kinder dieser Erde (IMP 1036/1045). Impulse-Musikverlag, Drensteinfurt o. J.

Für einen lebendigen Literaturunterricht!

Oswald Watzke (Hrsg.)
Märchen in Stundenbildern
Unterrichtsvorschläge mit illustrierten Text- und Arbeitsblättern als Kopiervorlagen
5./6. Jahrgangsstufe
104 S., DIN A4, kart.   Best.-Nr. **3494**

Die ansprechenden Text- und Arbeitsblätter des Bandes entführen die Schüler/-innen in die faszinierende Welt der Märchen. Bekannte Geschichten der Brüder Grimm, Märchen von Andersen oder Janosch sind ebeso dabei wie auch zahlreiche schöne Volksmärchen aus aller Welt.

Oswald Watzke (Hrsg.)
Schwänke in Stundenbildern
Unterrichtsvorschläge mit illustrierten Text- und Arbeitsblättern als Kopiervorlagen
3./4. Jahrgangsstufe
104 S., DIN A4, kart.   Best.-Nr. **2982**

Schwänke: Eulenspiegel-, Siebenschwaben-, Schildbürger-, Münchhausen-, Kalender- und Schmunzelgeschichten. Anhand zahlreicher Beispiele werden die Gattungsmerkmale erarbeitet. Mit einer Darstellung vieler Methoden, unter Berücksichtigung von Neuansätzen der gegenwärtigen Literaturdidaktik.

Oswald Watzke/Peter Högler/ Günter Krönert/Harald Watzke
Fabeln in Stundenbildern
Unterrichtsvorschläge mit Kopiervorlagen
3./4. Jahrgangsstufe
96 S., DIN A4, kart.   Best.-Nr. **2282**

24 Fabeltexte von Äsop, Martin Luther, den Brüdern Grimm, Jean de La Fontaine, James Krüss, Brigitte Nader u. a. zur Unterstützung der Unterrichtsvorbereitung und Freiarbeit.

Oswald Watzke/Peter Högler (Hrsg.)
Gedichte für Grundschulkinder
Ausgabe für Bayern
48 S., geh.   Best.-Nr. **1742**

Oswald Watzke/Peter Högler/ Günter Krönert
Interpretationen zu „Gedichte für Grundschulkinder"
3./4. Jahrgangsstufe
44 S., geh.   Best.-Nr. **1833**

Die **AUER-Reihe** für einen engagierten Literaturunterricht in der Grundschule:

- illustrierte Text- und Arbeitsblätter als Kopiervorlagen
- didaktische Hinweise und Unterrichtsvorschläge
- Textsortenvielfalt
- attraktive Texte bekannter Autoren
- Darstellung vieler Methoden der Literaturdidaktik

Auer BESTELLCOUPON Auer

Ja, bitte senden Sie mir/uns

____ Expl. Oswald Watzke (Hrsg.)
Märchen in Stundenbildern   Best.-Nr. **3494**

____ Expl. Oswald Watzke (Hrsg.)
Schwänke in Stundenbildern   Best.-Nr. **2982**

____ Expl. Oswald Watzke/Peter Högler/ Günter Krönert/Harald Watzke
Fabeln in Stundenbildern   Best.-Nr. **2282**

____ Expl. Oswald Watzke/Peter Högler
Gedichte für Grundschulkinder   Best.-Nr. **1742**

____ Expl. Oswald Watzke/Peter Högler/ Günter Krönert
Interpretationen zu „Gedichte für Grundschulkinder"   Best.-Nr. **1833**

mit Rechnung zu.

Bequem bestellen direkt beim Verlag!
Telefon: 01 80/5 34 36 17
Fax: 09 06/7 31 78
Online: www.auer-verlag.de

Bitte kopieren und einsenden an:

**Auer Versandbuchhandlung
Postfach 11 52
86601 Donauwörth**

Meine Anschrift lautet:

_____
Name/Vorname

_____
Straße

_____
PLZ/Ort

_____
Datum/Unterschrift

_____
E-Mail

Kopiervorlagen und Materialien für Ihren Unterricht!

Praxisorientierte Stundenbilder mit Kopiervorlagen für die Grundschule

*Probeseite aus **Gedichte 3**, S. 24*

Oswald Watzke (Hrsg.)
Gedichte in Stundenbildern
Unterrichtsvorschläge mit Kopiervorlagen

1. Jahrgangsstufe
88 S., DIN A4, kart.   Best.-Nr. **2016**

2. Jahrgangsstufe
88 S., DIN A4, kart.   Best.-Nr. **1985**

3. Jahrgangsstufe
104 S., DIN A4, kart.   Best.-Nr. **1986**

4. Jahrgangsstufe
88 S., DIN A4, kart.   Best.-Nr. **2017**

Die Bände enthalten Stundenbilder mit illustrierten Text- und Arbeitsblättern, Textsortenvielfalt sowie eine Darstellung vieler Methoden, die auch Neuansätze der gegenwärtigen Literaturdidaktik – wie z. B. die Methode der „Gedichte-Werkstatt" – einschließt.

Oswald Watzke (Hrsg.)
Märchen in Stundenbildern
Unterrichtsvorschläge mit illustrierten Text- und Arbeitsblättern als Kopiervorlgen

3./4. Jahrgangsstufe
136 S., DIN A4, kart.   Best.-Nr. **2761**

Kinder brauchen Märchen! Auch in der Schule soll die Freude am Umgang mit Märchen geweckt und gefördert werden. Dieser Band bietet Ihnen mit seinen ansprechend gestalteten Text- und Arbeitsblättern eine umfangreiche Auswahl der schönsten Geschichten aus Deutschland, Europa und Afrika sowie auch moderne Märchenversionen (z. B. von Janosch).

Auer BESTELLCOUPON

Ja, bitte senden Sie mir/uns

_____ Expl. Oswald Watzke (Hrsg.)
Gedichte in Stundenbildern
1. Jahrgangsstufe   Best.-Nr. **2016**

_____ Expl. Oswald Watzke (Hrsg.)
Gedichte in Stundenbildern
2. Jahrgangsstufe   Best.-Nr. **1985**

_____ Expl. Oswald Watzke (Hrsg.)
Gedichte in Stundenbildern
3. Jahrgangsstufe   Best.-Nr. **1986**

_____ Expl. Oswald Watzke (Hrsg.)
Gedichte in Stundenbildern
4. Jahrgangsstufe   Best.-Nr. **2017**

_____ Expl. Oswald Watzke (Hrsg.)
Märchen in Stundenbildern
3./4. Jahrgangsstufe   Best.-Nr. **2761**

mit Rechnung zu.

Bitte kopieren und einsenden an:

Auer Versandbuchhandlung
Postfach 11 52
86601 Donauwörth

Meine Anschrift lautet:

_____
Name/Vorname

_____
Straße

_____
PLZ/Ort

_____
Datum/Unterschrift

_____
E-Mail

Bequem bestellen direkt beim Verlag!
Telefon: 01 80/5 34 36 17
Fax: 09 06/7 31 78
Online: www.auer-verlag.de